저출산
이렇게 해결하자

저자 **김현식** 지음

사단법인 아미유

저출산 이렇게 해결하자!

지은이 : 김현식
편집인 : 도서출판 KCEM
인쇄처 : 주식회사 예원프린팅
발행처 : 사단법인 아미유
총판처 : 하늘유통
등록 : 제2022-000026호 (2022년 2월 11일)
주소 : 경기도 용인시 기흥구 언동로 71번길 45
문의 : 1811-8361
ISBN : 979-11-977979-0-3 (03330)

저출산
이렇게 해결하자

김현식 지음

저출산 국민교과서
2.5배 인구 증가 방법 있다.
모든 국민이 읽고 실천하자!

사단법인 아 미 유

목 차

들어가는 말   11

01

1. 성인의 삶을 위한 미래 교육을 하여야 한다.   18

가) 공부 목적은 성인이 되었을 때 행복한 삶을 위한 것이다.   21

나) 중학교부터는 먼저 직업을 정하고 공부해야 한다.   24

다) 어려서부터 가정과 사회를 위한 공의로운 삶을 살아라.   27

라) 나 스스로 책임지는 삶을 습관화해야 한다.   32

마) 진실하고 올바르게 살아가는 교육이 우선이다.   37

02

2. 성인의 삶을 위해 나를 완성해야 한다.   44

가) 고등학교 때 직업을 완성하고 성장시켜야 한다.   48

나) 대학은 분명한 목적이 있는 사람이 가야 한다.   53

다) 성인이 되어 취업하면 결혼부터 해야 한다.   58

라) 결혼을 빨리하면 인생 전체의 이익이 된다.   63

03

3. 왜 결혼하지 못하는 사람이 많을까?　　70

가) 결혼의 시기와 남녀 신체 건강 조건은?　　76
나) 자녀의 결혼은 당사자가 결정해야 한다.　　81
다) 부모가 건강할 때 출산하면 아이도 건강하다.　　85
라) 직업을 가져야 결혼하여 가정을 지킬 수 있다.　　89

04

4. 동거 가정의 사회보장 제도를 완성해야 한다.　　98

가) 동거 가정을 합법화하고 지원을 확대해야 한다.　　106
나) 인구감소의 장애물을 없애고 새롭게 나가자.　　114
다) 저출산이 해결될 때까지 이민자를 적극적으로 받아라.　　122
라) 노후에는 여유로운 경제생활과 평안이 최고다.　　127

05 **5. 가정은 인생 전체를 완성하는 것이다.** **134**

가) 아이는 20대에 모두 낳는 것이 가장 좋다. 140

나) 아이들은 부모 것이 아니며 사회의 일원이다. 146

다) 과거 문화에서 벗어나 변화하여야 한다. 151

라) 인구절벽을 해결하고 다시 도전하자. 155

들어가는 말

　우리 국민에게는 수천 년 전부터 중국에서 전해온 문화가 우리 삶에 깊게 뿌리내려 삶을 지배하고 있다. 이러한 문화는 개인의 생각과 판단보다 현시대에 맞지 않는 과거 문화에 의존하여 살게 하므로 국가 발전을 더디게 하여 국민이 가난하게 살아갈 수밖에 없었다.

　이러한 우리 국민의 약점을 이용한 중국과 일본의 잦은 침략으로 오랜 세월 동안 암울한 시대를 살아왔던 것은 우리 민족의 슬픈 역사다.

　또한 일본침략의 결과로 38선으로 분단된 한반도는 1950년 6월 25일 북한의 침략으로 그야말로 초토화가 되어 세계에서 가장 가난한 국가가 되었다.

　그러나 대한민국은 세계를 향하여 시야를 넓히면서 경제적으로 발전을 거듭하여 세계에서 유래가 없는 고속 성장을 하였다.

고속 성장을 이룬 결과는 2020년에 선진국 대열에 합류하는 쾌거도 이루어 축배를 드는가 했으나 그 뒤에는 노동자들이 수십 년 동안 많은 노동시간을 일하며 희생한 결과였고 산업재해도 많이 일어났으며 교통사고와 자살률은 세계 1위를 한 결과였다.

그렇지만 이에 따른 문화나 복지 등 인간 삶의 질은 경제 성장에 비해 함께 발전하지 못하여 모든 면에서 균형적인 성장은 이루지 못하였다.

이에 따른 국민의 빈부 차이가 점점 더 심해져 사람들이 소외감과 갈등 속에 살아가고 있는 것이 사실이다.

또한 대한민국은 겉으로는 선진국이라는 명예를 얻었으나, 내적으로는 인구가 급격하게 줄어가는 인구절벽 문제가 발생하여 국가가 소멸하는 위기 속에 고속 성장의 업적은 물거품이 되어 가고 있다.

지금 대한민국은 그 어떤 정책보다도 저출산에 대한 해결책을 최우선으로 하여 즉시 실천해야 소멸하는 국가를 막을 수가 있다.

이 문제를 늦게 다루면 다룰수록 대한민국의 미래는 불행이 하나씩 사실로 드러나게 될 것이며 나중에는 회복할 수 없는 후진국이 될 것이고 더 비관적으로 보면 대한민국은 지구상에서 사라질 위기에 서 있다.

　우리는 대한민국이 소멸하는 엄청난 재앙이 20여 년 전에 예고 되었으며 현재 진행하고 있어도 저출산을 해결하려는 실천은 방향을 올바로 잡지 못하고 허둥대고 있는 것이 현실이다.

　이에 대한 정치권은 5년마다 바뀌어 연속성이 있는 정책을 펼칠 수가 없고, 행정은 전문지식 없이 적극적이지 않으며, 지식인들은 저출산 이론과 통계나 발표하고 있고, 국민은 우선 먹고사는 것에 집착할 수밖에 없는 것이 사실이며, 젊은 청년들은 자기중심으로 생각하고 판단하며 결혼하지 못하는 것을 사회 탓으로 돌리고 있는 것 같다.

　대한민국이라는 배는 그 누구도 책임지지 않는, 키 없는 배가 바람에 떠밀려서 좌초되기만 기다리고 있는 것 같은 느낌이다.

　이것은 청소년 때 학교에서 직업교육이 잘되지 않아 성인이 되어서도 확실한 직업이 없어서 경제적인 능력이 없는 청년들이 많이 있기 때문이라고 보아야 한다.

　또 아이들을 어려서부터 부모가 과잉보호하여 자립심이 부족한 상태로 성인이 된 결과 직업을 가져야 하는 것과 이성을 선택하여 결혼해야 한다는 것을 결정하지 못하고 있다.

　이것은 이성을 만나면 자기주장만 앞세우며 대화하다가

서로 의견 차이로 결혼이 성사되지 않고 있으며 결혼하더라도 분쟁의 불씨가 남게 되는 것과 서로 이해하며 대화하는 능력이 부족한 것이 원인이다.

또 결혼 시기와 자신의 인생 전체 스케줄, 나와 가정 관계, 나와 국가관계, 내가 가정을 이루며 대한민국 국민과 사회의 일원으로서 살아가야 한다는 분명한 목적과 목표가 없어서 방황하는 청년들이 많이 있다고 보아야 한다.

그러므로 청소년들이 성인이 되어 가정과 사회를 책임지며 건강한 성인으로 살아가도록 교육하고, 내가 세상에서 살아가는 동안 경제적으로 안정을 가져오는 직업을 정하여 성공시키고, 적정한 시기에 결혼하여 아이를 낳아 가정을 이루며, 대한민국 국민으로서 기본적인 의무를 다하며 내 인생을 완성하는 삶을 살아야 할 것이다.

개인과 가정과 대한민국이 건강하게 함께 발전하며 살아갈 성공한 미래를 국가가 계획하고 온 국민이 실천하여 영원히 지켜야 한다.

저자 김 현 식

01

성인의 삶을 위한
미래 교육을
하여야 한다.

01

성인의 삶을 위한
미래 교육을 하여야 한다.

사람이 세상에 태어나는 것은 분명한 목적이 있어서 태어났다.

우리가 무엇을 위해 태어났으며 왜 존재하는지?

스스로 자신에게 질문과 답변을 해보고 그에 대한 삶의 목적을 분명히 알고 살아야 한다.

그 이유는 산과 들에서 아무 통제받지 않고 자라는 식물들도 계절의 때에 따라 번식하여 세상에 제공하고 있으며 곤충과 동물들도 계절의 풍성한 시기에 따라 새끼를 낳아 기르며 번식하여 다른 동물이나 사람에게 제공하고 있기 때문이다.

이러한 식물과 동물들 위에 군림하며 세상의 만물을 제공받고 사는 인간이야말로 그냥 먹고 자고 놀면서 자신의 욕구만 채우며 아무렇게나 무질서하게 살다가 죽기 위해 태어났는지 생각해 볼 필요가 있다.

인간이란 동물이 이 사회에 아무 도움을 주지 못하고 먹고 마시며 놀다가 인생을 마감한다면 동물보다 더 나은 것이 무엇이며 동물과 같은 삶을 살다가 죽는다면 인간의 값어치는 어디에서 찾는다는 말인가?

그 이유는 동, 식물들은 자라서 자기 몸과 열매를 인간에게 제공해 주지만 인간의 무질서한 삶은 다른 사람들에게 피해를 주고 지구에는 온난화만 증가하게 할 뿐이며 육체가 죽으면 화장하는 경비를 낭비하고 공해만 생산할 뿐이기 때문이다.

눈에 보이는 모든 만물은 필요에 따라 존재한다.

특히 사람은 창조주의 뜻에 따라 세상에서 번성하고 충만하여 세상을 정복하고 다스리는 공의로운 목적에 따라 살도록 설계되어 있다.

그러므로 인간은 모든 세상이 아름답게 잘 존재하도록 공의로운 목적에 맞게 살아야 세상은 영원히 아름답고 평화롭게 존재할 수 있다.

사람은 분명히 식물이나 곤충이나 동물과 다르다.

이것은 사람은 생각하는 지능이 있고 배운 지식을 축적하여 계속 발전시켜서 서로 협력하여 선한 결실을 만드는 능력이 있기 때문이다.

모든 사람이 공의롭게 살아가기 위해서는 먼저 아이들이 성장하면서 세상과 공존하는 삶의 의무를 다하도록 교육하며 또 성인이 되면 자신을 스스로 책임지는 삶을 완성하여 살아가도록 교육해야 한다.

그러므로 청소년 때부터 가정과 국가관 속에 공의로운 삶으로 살도록 교육받고 자신을 스스로 책임지는 삶을 살아야 하며 성인이 되어서는 나와 가정과 사회를 책임지며 공의로운 목적에 맞게 살아야 한다.

또한 어려서부터 성인의 삶에 맞는 직업교육을 받아 성인이 된 청년들은 자신의 경제를 위한 직업을 빨리 선택하여 안정된 경제를 바탕으로 결혼하여 가정을 이룬 후에는 가정과 사회를 책임지고 살아가야 한다.

다시 말하면 청소년의 교육은 성인 삶을 위한 미래 교육으로 철저히 하여야 한다.

그러나 오늘날의 교육은 청소년의 자체만을 위한 교육을 하므로 청소년이 육체적으로는 성인이 되었으나 정신적으로는 청소년 상태에 머물러 있는 것 같다.

그러므로 미래 성인의 삶을 위하여 철저한 예방교육이 필요하다.

이 교육을 위해 국가와 학교, 부모는 성인의 삶의 예방적인 차원에서 철저한 교육프로그램을 완성하여 실천해야 자녀들의 미래와 대한민국의 미래가 계속해서 성장하며 탄탄대로를 향해 질주하게 되는 것이다.

가) 공부 목적은 성인이 되었을 때 행복한 삶을 위한 것이다.

오늘날 청소년들은 태어나서부터 부모 생각에 따라 일방적인 교육을 받으며 성장하고 있다.

오직 내 자식이 공부를 잘하여 행복하게 잘 살 수만 있다면 부모의 가진 모두를 투자하여 교육한다.

부모의 평안은 뒤로하고 오직 자녀를 위해 자신의 희생을 감수하면서까지 최선을 다하여 돌보아 주고 키우는 것이다.

그러나 자녀가 열심히 한 공부의 효과는 각자 지능지수와 성격 차이와 얼마나 열심히 공부하느냐에 따라서 차이가 있을 수 밖에 없어서 얼마나 성과가 있을지는 알 수가 없다.

모든 아이는 남녀가 다르고 신체나 성격이나 지능지수와 살아가는 환경도 달라서 똑같은 교육으로 똑같은 효과를 누릴 수가 없다.

그러므로 아이들이 성인으로 성장하여 자신과 가정과 사회를 어떻게 책임지고 살아가야 하는지 잘 생각하며 공부 방향을 정하여 교육하고 있는지 다시 한번 살펴보아야 한다.

청소년 때의 교육은 어려서부터 그 아이가 성인이 되었을 때를 생각하여 각 개인 삶의 방향을 정하고 철저하게 공부해야 한다.

성인의 미래 삶은 직업이라는 경제를 바탕으로 가정을 이루는 목표를 정하고 아이의 적성과 잘할 수 있는 공부에 대한 효과를 보면서 아이에게 맞는 직업을 이루도록 노력하면 아주 좋을 것이다.

오늘날과 같이 아이들이 목적 없는 공부만 계속하면서 성인이 되어 살아갈 직업이나 방향이 정해지지 않은 상태로 성적에 맞추어 대학교 학과를 적당히 정하여 가게 되면 자신의 미래에 사용하지도 않을 공부를 하게 되는 것이다.

이러한 목적 없는 대학 입학은 공부하는 도중 중도에 자퇴하거나 대학을 졸업한 뒤에도 대학에서 공부한 전공과목이 직업이 되지 못하고 직장에 들어간 후에도 일에 잘 적응하지 못하여 퇴사하여 다시 직업을 찾아 방황하게 되는 것이다.

공부의 결과는 성인이 되어 안정적으로 살아갈 직업이 되어야 한다.

다시 말하면 공부하는 목적이 직업을 위한 공부가 되어야 한다는 것이다.

잘 선택한 직업은 자신의 경제와 명예가 되며 직업으로 이룬 경제는 가정을 이루는 기초가 되므로 공부할 때 철저하게 직업을 완성하고 사회에 진출하여야 한다.

성인이 되어 직업을 가지면 신체가 가장 건강한 20대 초~중반에 일찍 동거 가정을 이루거나 결혼하여 아이를 낳아 가정을 이루므로 인생 전체를 체계적으로 완성하는 하나의 길과 방향과 열쇠가 되는 것이다.

그러므로 첫 단추를 잘 끼워야 하는 것처럼 자신과 가정과 이 사회를 책임지고 살아가야 하는 미래 세대를 위하여 청소년의 교육은 곧 청소년과 대한민국의 미래라는 중대한 생각으로 체계적으로 완성된 교육을 해야 할 것을 정부나 교육 당국에서는 명심해야 한다.

직업이란 성인으로 살아갈 때 자신에게 잘 맞아야 좋다.

다시 말하면 직업에 숙련공이 되어 직업과 내가 하나가 되어 전문가가 되어야 좋은 것이다.

다시 말하면 직업에 숙련공이 되어 직업과 내가 하나가 되어 전문가가 되어야 좋은 것이다.

한번 결정한 직업은 가능하면 바꾸지 않고 계속 발전시켜 안정된 직업이 되도록 노력하면 한평생 경제적인 보상을 받게 되어 성공하는 인생을 살아갈 수가 있다.

결과적으로 아이들이 성인으로서 살아갈 미래에 행복한 삶을 살아가기 위해서는 공부를 미래 경제인 직업에 맞게 열심히 하여 자신의 삶을 하나하나 완성할 것을 명심해야 한다.

나) 중학교부터는 먼저 직업을 정하고 공부해야 한다.

세상 사람들은 대한민국의 교육열이 세계 최고 수준이라고 알고 있다. 그러나 그 많은 공부를 하고도 청년들이 방황하고 있는 것은 분명히 교육 내용의 문제가 있는 것이다.

저자는 청소년들을 아주 좋아하는 편이다.

그래서 청소년들의 삶과 미래에 관심이 많다.

저자가 대학을 나온 사람 남, 여를 구분하지 않고 많은 사람에게 질문을 해보았다.

앞으로 삶을 어떻게 살아갈 것이냐? 그런데 가장 많은 대답이 "글쎄요 지금부터 생각을 해보아야 합니다" 하며 대답하였으나 저자의 마음을 허탈하게 한 것이 사실이다.

저자 생각에는 고등학교에 전공과목이 있고 대학도 전공과에서 전문지식을 충분히 쌓았을 텐데 이미 정해져 있어야 하고 완성되었어야 하는 직업이나 미래 삶의 길을 이제야 갈 길을 생각해 보겠다고 하는지 이해가 되지 않는 말이다.

이유는 지금까지 많은 시간과 노력을 투자하였던 공부가 분명한 목적 없는 공부가 되어 대학 졸업장을 위해 다닌 결과가 되었다는 것으로 내게 맞지 않는 공부가 나에게 아무 쓸모가 없다는 결론이다.

다시 말하면 성인이 되어 직업을 가지고 결혼하여 가정을 이루어야 하는 청년의 황금과 같은 시기를 헛되게 낭비하였다는 것이다.

정말로 안타까운 일이다.

유럽이나 독일 등 선진국처럼 학교와 부모들은 어려서부터 자녀의 미래를 함께 설계하는 차원에서 아이의 적성이나 잘하는 공부 취미 등을 살피며 초등학교가 아니면 중학교 때부터 미래 나아갈 방향을 확실하게 정하고 직업에 대한 견학, 아르바이트 등으로 경험하게 하고 고등학교 가서는 직업을 위한 공부를 열심히 하여 졸업하면, 대학교 가지 않고도 직장에 일찍 들어가 직업을 계속 발전시켰을 것이다.

그러나 학업성취도가 높은 학생은 대학을 선택하여 자기의 전문지식인 직업을 발전시키는 공부를 계속하므로 미래 사회에 도움을 주며 안전한 직장을 선택할 수가 있을 것이다.

이렇게 미래를 위한 공부를 착실히 하며 직업을 완성하는 사람은 고등학교를 졸업한 후에 취업하거나 혹은 대학을 나와 자신이 열심히 하였던 전공과에 맞게 직업을 선택하여 취업하게 되므로 경제적인 바탕을 기반으로 이성 간의 교제를 자유롭게 하여 동거 가정을 이루거나 결혼을 조기에 할 수 있는 것이다.

간단한 이론으로 목적지를 빨리 선택하여 출발하면 빨리 출발한 만큼 목적지에 먼저 도착하게 된다는 사실이다.

미래 목적인 직업에 성공해야 경제적인 안정을 토대로 결혼도 빨리하여 내 인생이 잘된다는 것을 알았다면 가능하다면 빨리 직업을 완성하여 결혼하므로 인생 전체를 안정적으로 살아가야 한다.

그러므로 공부는 성인이 되어 나를 경제적으로 보장해 준다는 것을 마음에 두고 열심히 공부하여야 하며 직업이란 일을 자신 있게 잘 선택하여 성공하면 미래 삶이 보장되어 남은 인생에 순조로운 항해가 될 것이다.

직업을 완벽하게 성공시키는 것은 내가 살아가는 세상에서 주도권을 잡고 살아가는 것과 같다.

그러므로 나에게 맞는 직업을 최소한 중학교부터 일찍 결정하고 고등학교부터는 직업에 맞는 공부를 열심히 하여 성인이 되었을 때는 직업에 잘 적응하고 결혼해야 인생 전체를 안정하고 성공적으로 살아가게 되는 것이다.

직업은 나의 미래이며 나의 경제 완성이며 내 삶의 기초를 튼튼히 하는 것이다.

다) 어려서부터 가정과 사회를 위한 공의로운 삶을 살아라.

저자는 청년들과 함께하는 TV 프로그램에서 사회자가 청년들에게 질문하고 답변하는 내용을 듣고 놀랐다.

사회자가 질문하기를 왜 결혼하지 않으려고 하나요? 아이를 왜 낳지 않으려고 하나요? 하며 질문하였는데 한 청년은 경제적인 문제를 이야기하며 우선 집값이 비싸다고 대답했다.

그런데 한 청년은 "아이를 낳으면 아이가 자기 자유와 내 삶의 권리를 침해한다."고 해서 놀랐다.

이 말을 들었을 때 그 청년은 부모 도움 없이 스스로 태어나 지금까지 홀로 성장하여 나라 없이 오직 나만을 위하여 살아야 한다는 것처럼 대답했기 때문에 깜짝 놀랐다.

대한민국은 자유민주주의를 주창하고 있고 모든 인간은 자유를 누리며 살아갈 권리를 가지고 있으며 이 청년도 자유를 누리며 살아야 하는 것이 사실이다.

그러나 그 자유는 아무것도 의식하지 않고 산과 들에서 통제 없이 살고 있는 짐승들처럼 오직 나만 생각하고 무질서하게 사는 자유는 인간의 자유라고 말할 수 없는 것이며 이런 자유는 곧 무질서를 말하는 것으로 인간에게는 적용할 수 없는 자유라고 할 수가 있다.

참 자유는 진리 안에서만 가능하다.

즉 진실하고 공의로운 삶을 추구하며 법질서를 잘 지키며 모든 사람과 함께 더불어 공의롭게 살아가는 자유를 인간의 자유라고 말할 수 있는 것이다.

자유민주주의 국가는 엄연히 헌법과 그 아래 법률이 있고 모든 국민은 법의 통제안에서만 자유를 누리며 살아갈 수가 있다.

저자는 성경 말씀의 "진리가 너희를 자유하게 하리라"는 말씀을 가슴 깊이 기억하며 살고 있다.

진리는 하나의 말씀으로 영원히 변하지 않는 올바른 말씀과 삶이다. 이 진리만이 사람 위에 존재하며 사람을 다스리게 되는 것이다.

또한 사람이 살아가는 가정과 사회 안에는 윤리와 도덕이 있고 부모의 유지가 있다.

이것을 모두 지키며 산다는 것은 현실적으로 어려울 수 있을 것이나 그중에 꼭 최소한 지켜야 하는 내용은 지키며 살아야 모든 사람이 공존하며 살아갈 수가 있는 것이다.

그것은 세상에 존재하는 모든 인간이 지키며 살아가는 질서와 정의와 공의로운 삶으로 서로 함께 더불어 살아가는 삶이다.

사람은 자신만의 삶을 위해 자유롭게 살아가는 것 같으나 사실은 "나는 타인을 위해 태어났고 타인은 또 다른 사람을 위하여 태어났다"는 사실이다.

세상 모든 사람이 서로를 도우며 섬겨주어 국가와 사회를 이루며 함께 공존하여 살아가는 삶을 말하는 것이다.

이것은 인간의 육체에 해답이 있다.

우리의 머리부터 눈, 귀, 코, 입, 손과 발 모든 신체가 자기 지체를 위해서 존재하지 않고 다른 지체를 위해 존재하며 일하고 있다는 사실이다.

이같이 모든 사람이 서로 협력하고 섬기며 살아가므로 공의로운 세상을 이루며 진정한 자유를 누리는 것이 인간이 누려야 할 참 자유인 것이다.

개인만을 생각한다면 가정이 무너지고 국가는 무질서 속에 통제할 수 없게 되며 국민은 의지할 국가가 없어지게 되므로 국민은 국가 없는 난민이 될 수밖에 없을 것이다.

국가도 국민은 생각하지 않고 나라의 이익만 생각한다면 국민은 힘들게 살아가며 나라와 나라가 분쟁하며 살아가게 될 것이며 세계는 서로를 견제하며 전쟁의 위험으로 빠져들게 되므로 모든 인간의 삶은 고통이 뒤따를 것이다.

한마디로 미래가 없는 어두움의 세상이 될 것이다.

대한민국은 수십 년 동안 아주 빠르게 성장을 하였다.

그러나 각 사람의 의식은 청년의 대답처럼 아직 후진국이며 특히 핵가족 시대에서 부모의 보호 아래 성장한 세대는 모든 결정을 자신만을 위하여 우선하며 살아가고 있는 것이 사실이다.

이것은 부메랑과 같아서 그 피해가 다시 미래 젊은 세대들에게 돌아오게 되어서 청년들이 미래가 어둡게 되는 악순환이 반복되고 있다.

이렇게 청년들이 가정과 사회에 대하여 책임지지 않으려는 대답은 청년들의 잘못만은 아니다.

부모 세대가 자녀들을 과잉보호하는 일에 급급하여 미래에 가정을 이루고 사회의 한 일원으로서 살아가야 하는 청소년들에게 예방 교육을 하지 못했기 때문으로 청년들의 삶을 위한 교육으로 즉시 개선해야 한다.

청년들의 생각은 결혼하지 않거나 결혼을 늦게 하고 아이를 하나만 낳거나 낳지 않으려는 생각이 굳어져 있으므로 대한민국이 점점 무너져 가고 있으며, 나 자신이 국가나 사회에 어떤 협력을 해야 하고 국가에 대한 의무를 다해야 하는지 동력이 상실되어 있는 것 같다.

이것은 성인으로서 국가의 한 국민으로 살아가는 의무를 생각하며 살도록 어려서부터 교육받지 못한 상태로 방치한 결과라 볼 수 있다.

그러므로 지금부터라도 청소년들에게 국가관이나 국가에

대한 국민이 스스로 지켜야 할 일들 및 의무를 철저히 교육하여 성인이 되어 국가를 사랑하며 책임지고 사는 방법을 배우고 지키게 해야 할 것이다.

이스라엘 민족이 전쟁이 일어나자마자 자신을 희생하여 국가를 지키려고 이스라엘로 돌아오는 공항의 출입국이 복잡하다는 뉴스를 들었다.

우리는 이스라엘 국민의 애국심이 어디에서부터 나왔는지 깊이 생각해 보아야 할 것이며 이를 모델 삼아 어려서부터 국가를 사랑하고 책임지며 살아가는 교육을 철저히 해야 한다.

인간은 세상에서 번성하고 충만하여 세상을 정복하고 공의로 다스려야 할 특별한 의무를 지키기 위해 태어났다는 사실을 마음속 깊이 새기고 공의로운 삶을 살아야 한다.

라) 나 스스로 책임지는 삶을 습관화해야 한다.

요즘 젊은 사람들이 아이를 낳지 않는 이유로 아이들의 과다한 양육비와 교육비라고 말한다.

그러나 독일이나 미국의 교육비 지출은 우리나라에 비해 약 1/2 수준을 지출하며 아이들을 양육하고 있다.

우리나라 부모들은 옆집의 아이가 학원 다니면 무조건 내 아이도 보낸다는 생각으로 보내지만 학습 효과는 잘 알지 못하고 있다.

우리 부모들의 교육 방법은 무조건 유치원, 학원을 보내고 좋은 환경 속에서 좋은 옷을 입히며 살아야 한다는 망상에 젖어 있는 것이 사실이다.

그러나 아이는 유치원과 학원을 보내지 않고 가난한 집에서 살아도 부모의 사랑으로 먹이고 입히며 정직하고 진실하며 책임으로 살게 하는 것이 무엇보다도 중요하다.

한 가정은 아이를 유치원에 보내지 않고 산과 들과 가정에서 엄마가 교육하다가 초등학교에 보냈는데 오히려 유치원에 보낸 아이들보다 더 적응도 잘하며 공부하고 있다.

한마디로 현재 있는 환경을 교육자료로 삼아 살아가면 되는 것이다.

어떤 가정의 이야기를 소개하고자 한다.

어머니는 어려서부터 자녀들을 정성껏 잘 교육하여 최고 명문대 의과대학을 졸업하게 하였다.

그 자녀는 의사가 되어 동료 의사와 결혼을 하여 두 자녀를 두었다.

의사가 된 후 10여 년이 지나서 저자와 그의 부모가 승용차를 타고 여행을 가는 길에 집에 있는 아들에게서 전화가 왔다.

아들이 외출하려고 하는데 넥타이와 옷과 양말을 찾아달라는 전화다.

어머니는 아들과 열 번도 넘게 통화를 하며 겨우 옷과 넥타이와 양말 등이 있는 곳을 알려주어 입고 외출하는 것 같았다.

그 아들은 심지어 학교 다닐 때 급식에서 오렌지가 나왔으나 먹지 않고 있길래 옆에 친구가 왜 먹지 않고 있느냐는 질문에 아들은 "오렌지는 엄마가 까주어야 먹는다"고 대답했다고 한다.

공부는 잘했으나 일상생활을 잘못하다가 결혼하였으나 아내가 사생활을 보조해 주어야 하는 등 평소 생활에도 정상적이지 못하다면 그 사람이 사회에서 완전한 성공을 이루었다고 볼 수가 있을까?

이렇게 어려서부터 부모의 통제 속에서 살아온 아이는 성인이 되어서도 잘못된 습관이 계속되어 결혼해도 아내에게까지 계속 물어보게 되며 스스로 하는 일은 별로 없게 된다.

자녀들의 스스로 하지 못하는 잘못된 습관은 성인이 되어 직장에서도 많은 일들을 상사가 지시해 주어야 일하는 습관이 몸에 배어 자립심을 가지고 사는 데 큰 문제가 있을 수 있다.

또 성인이 되어 이성을 찾아 데이트하며 짝을 선택하여 결혼하려고 해도 끈질긴 대화나 상대방을 이해하지 못하여 서로 합의 되는 대화를 계속하지 못하고 상대방의 단점을 말하여 결혼에 이르지 못하는 것은 스스로 결정하는 능력이 떨어지기 때문이다.

어떤 엄마는 아이가 학교에서 돌아와 집에 들어오면 신발을 나갈 때를 생각하여 돌려서 반듯하게 놓으라고 지도하고 스스로 옷을 정리하게 한 후 손을 닦고 자신이 할 일을 하라고 잘 지도하며 어려서부터 모든 삶을 아이가 책임지고 살아가야 하는 방법을 교육하였다.

어려서부터 자기의 삶을 책임지고 살아가는 습관을 길러 주고 어떤 문제든지 발생하면 부모는 끝까지 참고 기다리고 아이와 동등한 관계에서 대화하며 문제를 풀어가도록 협의하였다.

그 결과 스스로 하는 습관이 모든 삶에 적용되어 하는 공부와 일을 잘하게 되었다.

어떤 가정은 딸 2명이 있었다.

그 가정은 월세를 살면서 가난하여 엄마 아빠가 맞벌이해야 하므로 초등학교 때부터는 아이들에게 이제는 너희가 스스로 밥해 먹고 집도 청소하고 빨래하면서 숙제하고 학교 다녀야 한다고 어린 두 딸에게 책임감을 심어주었다.

어린 딸들은 엄마 아빠가 고생하시는 것을 알기 때문에 두 어린 자매가 힘들지만 대부분 스스로 감당하였으며 공부하고 학원은 다니지 않고 집에서 서로 의지하며 열심히 공부하면서 중, 고등학교는 물론 대학교까지 졸업하였다.

두 딸은 스스로 대학을 졸업할 때까지 가정 살림을 하면서 열심히 공부한 결과 성인이 되어 직장에서도 책임감이 강한 모습으로 일하였으며 직장에서 만난 동료와 일찍 20대에 중반에 결혼하여 각각 2명의 자녀를 두고 아주 강한 정신력으로 가정을 일으켜 잘사는 것을 보고 감명을 받았다.

어려서부터 고생하며 인내하면서 성장한 사람은 그 정신력이 청년이 되어서도 계속되며 늙을 때까지 유지되어 절대로 무너지지 않는 가정을 이루게 되는 것이다.

어려움을 어렵게 생각하지 않고 잘 극복하며 모든 일을 긍정적으로 생각하며 두려워하지 않는 강한 사람은 성장하여 미래의 삶을 잘 헤쳐나가는 사람이 되고 연애와 결혼도 자신 있게 하여 부부가 협력하여 잘 사는 모습을 볼 수가 있다.

어른들은 아이들이 미래에 살아갈 일들을 청소년때 미리 실습을 통해 경험하게 하고 성인이 되어 거침없이 일을 연장

선상에서 하도록 하여야 한다.

　단 성적인 통제를 스스로 하며 한번 가정을 이루면 책임지는 삶을 살게 하여야 한다.

　또한 가정과 사회 및 국가를 책임지고 살아가도록 미리 교육하여 청소년들이 성장하는 과정에서 스스로 책임지는 경험을 하면서 성장하도록 도와주어야 한다.

　어려서부터 책임감 있게 살아온 청소년들은 스스로 미래 모든 일을 선택할 수 있는 능력이 성숙하여서 직장생활도 활기차게 하고 결혼 결정도 빨리하고 아이들도 2~3명을 낳고 가정과 사회에 대한 책임을 다하는 사람이 되므로 결국에는 대한민국 사회, 경제가 안전해지고 튼튼하게 형성하게 되는 것에 큰 도움이 되는 것이 사실이다.

마) 진실하고 올바르게 살아가는 교육이 우선이다.

저자는 많은 세월 동안 교도소 수감자들을 위한 교육을 하였다.

그 사람들은 우리와 똑같이 귀하게 태어나 열심히 살아왔을 것이다.

그러나 왜 어둡고 답답한 철창 안에 격리되어 살게 되었을까?

무엇을 얼마나 잘못하였기에 사회에서 격리되었을까?

그 사람들을 살펴보면 특히 눈빛이 우리와 다른 것을 가까이 보면서 알게 되었던 것이 사실이다.

또한 눈빛이 다르다는 것은 보통 사람들과 생각도 차이가 있을 것이다.

그 사람들이 잘못하고 교도소에 들어오게 된 범죄 유형도 각양각색이다. 사기, 절도, 도박, 마약, 폭력, 살인까지 생각하기 싫은 용어들이다.

왜 모든 사람이 귀하게 태어나 함께 공부하며 살았던 청소년들이 성인이 되어 남에게 피해를 주며 살다가 지금은 격리되어 통제받는 삶을 살고 있을까?

그 원인을 살펴보면 가장 큰 이유가 어려서부터 잘못된 습관과 거짓말, 작은 물건들을 탐내는 것 등으로 시작하여 자신의 잘못된 행동을 고치지 않고 오히려 친구들 사이에서 나쁜 행동을 서로 자랑하는 습관으로 살다가 자신도 스스로 해결하지 못하게 되었을 것이다.

이러한 잘못된 행동은 유치원이나 초등학교부터 생길 수가 있으므로 어려서부터 착하고 진실하고 올바른 삶으로 서로 섬기는 삶과 사랑하는 삶을 살아가도록 철저한 교육이 필요하고 윤리와 도덕, 법과 질서를 지키는 범위 안에서 자유롭게 살아가도록 해야 한다.

또한 돈은 꼭 필요한 곳에만 절제하며 사용하여 무질서하게 살아가지 않도록 기본적인 삶을 어렸을 때부터 철저하게 교육해야 한다.

잘못된 버릇과 습관이 계속되면 성인이 되어 부모의 통제에서 벗어나 나쁜 습관이 점점 담대하게 성장하게 되므로 스스로 되돌아올 수 없는 지경까지 이르게 되어 결국은 격리되는 삶을 살아야 한다는 사실이다.

어려서부터 거짓말과 돈을 절제하지 않는 습관으로 사용하고 남의 것을 함부로 취하고 책임지지 않는 버릇은 성인이 되면서 절도나 사기 등으로 발전하여 많은 사람에게 피해를 줄 가능성 높다.

아이가 돈을 올바로 사용하는 버릇을 기르지 않은 상태에서 용돈을 아이가 요구하는 대로 계속 주어 사용하다가 성인이 되면 부모가 큰돈을 주거나 사업으로 부를 이루게 되더라도 도박에 빠지기 쉽고 계속 헛되게 살아갈 확률이 높아진다.

청소년으로 성장하면서 친구를 잘못 만나 싸움을 즐기고 남을 괴롭히며 과시하는 습관으로 계속 살게 되면 성인이 되어 폭력, 살인 등으로 살아갈 가능성이 높으므로 어려서부터 남을 존중하고 섬기며 봉사하는 습관으로 절제된 삶과 의로운 삶이 무엇인지 잘 알고 살아가도록 교육해야 한다.

호기심을 참지 못하고 향락을 즐기는 친구들과 어울리거나 술을 즐겨 마시는 사람은 술에 중독되거나 마약을 할 가능성이 있으므로 항상 나쁜 일에는 경계심을 가지고 살아가는 교육이 필요하다.

특히 인터넷이나 휴대폰 속에 게시 되어 있는 도박, 마약, 성 게시물 등을 접속하여 빠지게 되면 자신의 삶을 되돌릴 수가 없는 상태가 계속 될 수 있으므로 이에 대한 교육을 철저히 하여 청소년들을 보호하여야 한다.

청소년들이 성인이 되어 살아가야 하는 미래 사회를 위한 교육의 철저함에는 끝없이 계속되어도 부족하다.

이 교육은 아무리 잘해도 5G 시대에 살아가는 현실 속에서 얼마나 줄일 수 있느냐가 관건이기 때문이다.

청소년들이 휴대폰에 빠져 살아가는 습관은 세상에 살아가는 현실과 차이가 있어서 성인이 되어 살아가는 삶에 적응하기 어려워 직장에 적응과 결혼 삶에도 어려움이 있으므로 주의해야 한다.

　다만 철저한 교육을 계속하면서 올바르게 살아가도록 정신적으로 지도하며 스스로 바른길을 가도록 최대한 자유로운 가운데 스스로 통제하는 습관으로 살아가는 실천적 교육이 되어야 좋은 교육이 될 것이다.

성인의
삶을 위해
나를 완성해야 한다.

02

성인의 삶을 위해
나를 완성해야 한다.

우리가 살아가는 날들은 하루를 살고 달력을 넘겨야 하루가 다가오는 수동적인 삶을 살고 있는 것이 아니다.

하루를 놀든, 일하든, 잠을 자더라도 시간은 나를 기다려 주지 않고 계속 지나가고 있는 것이 세월이며 인생이다.

중국의 장자는 세월의 흐름을 표현하기를 마치 백마를 타고 가는 것을 문틈으로 보는 것 같다고 하였다.

그만큼 세월은 기다려 주지 않고 일방적으로 순식간에 우리 앞을 지나간다는 뜻이다.

나는 지금 내 앞을 지나가는 세월 앞에 서 있다.

계속 다가오는 미래의 삶을 대비하고 살지 않으면 갑자기 닥친 삶을 올바로 살지 못하고 허송세월로 살다가 인생을 망치게 되는 것을 알아야 한다.

그러나 다가오는 세월에 앞서서 미리 계획을 철저히 세우고 준비하는 사람은 그 세월이라는 열차에 탑승하여 내가 원하는 것을 얻으며 즐기며 살아가게 된다는 것을 명심해야 한다.

이같이 청소년 때 성인으로 살아가는 일들을 미리 준비하지 않으면 먼저 내가 살아가는 일에 성공하지 못하고 나이에 맞추어 결혼해야 하는데도 경제적인 뒷받침이 되지 않아 결혼을 미루거나 하지 못하고 성인으로 살아가는 소중한 많은 세월을 허둥지둥 헛되게 보내거나 실패하는 삶을 살게 되는 것이다.

그러므로 먼저 성인으로 살아가야 하는 삶을 중학교 때부터 다른 사람들의 성공한 삶의 모습을 모델 삼아 배우며 살아가도록 부모님이 아이들을 이해시키며 하나하나씩 실천하며 성장하게 해야 한다.

공부하는 것도 때가 있고 직업을 선택하여 열심히 발전시킬 때를 놓치지 않아야 미래의 경제적인 부를 보장받으며 안전하게 살 수가 있다.

성인이 되어 가정을 이루어 풍요로운 삶을 살아가는 삶을 위해서는 청소년 때 미리 준비하는 사람이 성인이 되어 얻을 수 있는 특권인 것이다.

우리 인생도 미리 준비하고 있다가 성인이 되었을 때 내가 생각하고 있는 모든 일들을 과감하게 실천하도록 해서 나만의 세상을 이루며 미래를 정복해 나가야 한다.

그러나 우리나라 청년들은 직업을 어떻게 성공시켜야 하는 지와 결혼해서 어떻게 살아야 하는지와 내가 살고 있는 사회에 대한 책임감과 국가에 대한 의무가 많이 부족하다.

공부를 잘해야 내가 원하는 대학교 가는 것처럼, 운동을 미리 잘 연습해야 메달을 받고 프로가 되는 것처럼, 훈련을 잘해야 좋은 병사가 되어 전쟁에서 승리할 수 있는 것을 알았다면 철저히 준비해야 하는 것만이 최상의 방법인 것을 명심해야 한다.

저자의 경험을 소개하고자 한다.

중학교를 기차 타고 가는 길에 기찻길 옆 공장을 보며 사업가의 꿈을 키웠다.

그 후 공업고등학교 건축과를 입학하여 전공과목을 열심히 공부하여 졸업함과 동시에 건설회사에 취업하여 꿈을 키우기 시작한 결과 지금은 수십억 원을 기부하고 NGO단체를 이끌며 어려운 사람들을 도와주는 공의로운 삶을 살고 있으며 대한민국의 저출산을 걱정하여 두 번째 서적을 지금 집필한 것이다.

우리가 학교에서 공부할 때는 여러 가지 공부를 하고 있으나 그중 한 가지 공부가 성인이 되어 내 삶의 직업이 될 수가 있으므로 다른 공부는 기본만 하여도 직업이 될 수 있는 한 가지 공부만은 꼭 잘하는 사람이 되어야 성인이 되어 직업에 성공할 수가 있다는 것을 알아야 한다.

이같이 성인의 삶은 학생 때 국가나 사회, 가정에 대한 나의 책임과 의무를 다하도록 교육을 받고 책임과 의무를 다하며 건강한 삶을 살아야 내가 이 땅에 태어나 살아가는 목적에 부합한 것이다.

저자의 생각은 과거보다는 현재가 더 중요하고 현재보다는 미래가 더 중요하다고 생각한다.

그러므로 미래에 대한 철저한 계획을 세워 하나하나 실천을 통해 성인의 성공한 삶을 완성해 가야 하는 것이다.

가) 고등학교 때 직업을 완성하고 성장시켜야 한다.

저자가 세상에 태어났으나 아버지께서는 내가 한 살도 되기 전에 돌아가셨으나 아버지 사진이 없어서 아버지 얼굴을 모르고 살고 있다.

어머니께서는 내가 한 살 때 10살 위인 형과 2살 위인 누나 삼남 매를 먹여 살리려고 집도 없이 월세방에서 살면서 생선이나 채소를 바구니에 이고 다니시며 팔아 생계를 유지하셨다.

저자는 초등학교 다니기 위해 6km가 넘는 길을 비가 오나 눈이 와도 걸어서 다녔으며 중학교 때는 농촌에서 가난하게 살면서 집에서 기차역까지 1시간을 걸어가서 다시 기차를 1시간 정도 타고 드디어 목포역에 내려 약 30분을 걸어서 학교 다녔다.

통학하는 시간은 기차역에서 대기하는 시간까지 계산하면 하루 왕복 6시간을 낭비하며 학교 다녔다.

중학교 2학년 때 기차를 타고 오가는 기찻길 옆에 공장 굴뚝에서 연기가 나는 것을 보았다.

나는 순간적으로 내 눈앞을 스쳐 지나가는 공장을 볼 때마다 어른이 되어 저런 공장 사장이 되겠다는 생각을 수없이 하며 학교 다녔다.

이유는 홀어머니께서 가난을 극복하며 나를 학교 보내려고 채소와 생선을 바구니에 이고 다니며 작은 돈을 모아 내 학비와 내 용돈을 마련해 주셨기 때문이다.

그 후 중학교 3학년 때 어머니와 형에게 공업고등학교에 가서 기술을 배워 취업을 빨리하여 돈 벌어서 고생하시는 어머니를 돕겠다고 말하고 공업고등학교 건축과에 입학하였다.

건축과라는 학과는 주로 공부하는 내용이 설계하고 건물을 신축하는 각 과정을 기능적으로 실습하는 것이 대부분이고 나머지 과목은 모든 공부가 약간씩 맛보는 정도여서 실습 위주 공부를 하였다.

나는 건축과 공부가 재미있어서 열심히 하여 건축에 관한 공부는 80명 중 최상위 점수를 받으며 학교를 졸업했다.

사회에 나와서도 건축 관련한 직업을 선택하여 내 앞에 펼쳐진 일들의 기술을 계속 익히며 수시로 관련된 책을 읽으면서 다른 사람들보다 기술적으로 많이 앞서 나갔다.

고등학교에서 건축설계를 열심히 한 것을 증명하면 3학년 때 설계사무실에 실습을 나갔는데 내가 실습하며 그린 설계로 소장님이 건축허가를 신청하는 것을 보고 내 실력을 입증하였다.

졸업 후 처음에는 기능공으로 취업했으나 다시 사무직으로 성장하여 공장의 생산라인을 돌보며 현장 시공까지 풀코스로 다 경험하며 다른 사람보다 더 열심히 일하여 기술적이나 관리에도 많이 성장하였다.

심지어 현장에서 일하다가 즉석에서 영업하여 일을 수주하고 다른 회사보다 원가를 절감하였으며 이익을 극대화하여 회사에 많이 남겨 준 사실이 지금도 기억에 생생하다.

사무직에서도 회사 기술을 주도적으로 이끌며 공장 생산과 모든 현장을 컨트롤하며 임원까지 승진하며 회사 경영하는 능력까지 키워 나갔다.

저자는 기술력을 바탕으로 나중에는 독립하여 단종회사를 설립하여 운영하다가 사업이 잘되어 3년 만에 종합건설을 시작하면서 큰 성장을 이루어 여유로운 삶을 살다가 지금은 어렵게 살아가는 미혼모, 한 부모들과 외국에는 빈민국 오지에 학교를 세워 교육을 지원하는 NGO단체를 설립하여 그동안의 수입을 사회에 환원하는 일을 하고 있다.

이렇게 성장하게 된 것은 중학교 때 직업을 꿈꾸고 공업고등학교에서 건축과 전공과목을 열심히 공부하며 꿈을 키워 직업을 완성하였기 때문에 다른 사람들보다 큰 성장을 하였던 것이 사실이다.

고등학교 졸업 후 사회에 진출하여서도 직업 숙련도를 계속 발전시킨 결과 대학을 나오며 많은 공부를 한 학생들보다도 내 직업인 건축일을 남보다 빨리 완성하고 성공하여 경제적으로나 가정적으로나 사회적으로 더 나은 삶을 살게 되었다는 것을 말하고 싶다.

직업은 한 가지를 선택한 후에는 나쁜 일만 아니면 절대로 바꾸지 말고 성공할 때까지 최선을 다하여 성장시키라고 조언하고 싶다.

한마디로 "한 우물을 파라"고 말하고 싶다.

내 인생을 성공으로 이끌었던 더 중요한 한 가지 사실은 낮에는 열심히 일하고 저녁에는 성경을 읽으며 올바른 삶을 살려고 노력하면서 겸손하고 성실하며 의로운 삶으로 나만의 계획을 꾸준히 실천하며 하나님께 다가가는 확실한 믿음과 신뢰 속에 나를 하나하나 완성하며 성장시켰기 때문이라고 조언하고 싶다.

성인으로 살아간다는 것은 공부를 많이 해야 하는 선택적인 사람이 아니라면 고등학교에서 내가 미래 성인으로 살아갈 때 꼭 필요한 직업을 완성하고 가능한 사회에 빨리 진출하여 평생 나를 먹여 살리는 직업에 몰두하며 내 정력을 모두 투자하여 성공시켜야 한다.

청소년 때 직업을 완성하지 못하고 성인이 되면 자기 능력을 발휘하며 살아야 할 중요한 시기에 공부를 계속하게 되어 세월을 낭비하는 것으로 특별히 공부를 계속 해야 할 사람 이외에는 성인이 되면 가능하다면 빨리 직업을 가져야 한다고 말하고 싶다.

이것은 직업이 내가 한평생 살아갈 때 꼭 필요한 돈을 계속 마련하는 샘물과 같은 것으로 바꾸어 말하면 세상에서 살아갈 때 꼭 필요한 생명수와 같다고 말하고 싶다.

끝없이 솟아나는 샘을 내가 가졌다면 평생 목마르지 않을 것이며 얼마나 행복하겠는가를 생각해 보자.

나) 대학은 분명한 목적이 있는 사람이 가야 한다.

우리는 왜 공부하는가? 왜 유치원부터 대학까지 그 많은 세월을 낭비하며 공부하고 살아야 하는가? 이 두 가지의 질문에 분명한 답변을 하고 공부하여야 할 것이다.

목적 없이 대학교 가는 것은 졸업장만 받으려는 것으로 세월만 낭비하고 직업도 완성하지 못하게 되므로 스스로 건달이 되는 길이다.

미래 성인의 삶에 꼭 필요한 기초공부를 초등학교에서 하였다면 그다음 중학교부터는 자신이 공부하는 것이 미래 성인으로 살아갈 때 직업이 되도록 필요한 공부를 완성하는 길을 가야 한다.

내가 공부하는 목적을 모르고 있고 내가 공부하는 전공과목이 직업이 되지 않는다면 그 공부는 황금과 같은 내 인생의 세월을 낭비하고 부모가 힘들게 번 돈만 낭비하는 건달 양성학교 다니는 것과 같은 것이다.

세월은 우리 앞을 계속 지나가는 것이기 때문에 세월을 붙잡아 내 것이 되게 해야 한다.

학창 시절의 불필요한 공부로 낭비한 세월은 다시는 돌아오지 않기 때문이다.

한마디로 지나가는 버스를 타야 내가 원하는 목적지를 갈 수가 있는데 꼭 타야 하는 버스를 타지 않고 딴짓하며 놀고 있는 것과 같다.

그 이유는 공부할 때 최소한 한가지 공부는 열심히 하여야만 그 공부가 나의 미래 직업이 되어 나를 성공시키고 경제적인 바탕 위에 결혼하여 아이를 낳아 행복한 미래를 살아갈 수 있기 때문이다.

초등학교 공부는 사람이 세상을 살아가야 할 기초교육이라고 한다면 중학교 교육은 직업을 선택하여 모니터링하며 직업을 결정하고, 고등학교 교육은 미래 직업을 완성하여 사회에 인재를 배출해야 하는 과정이다.

대학은 특별한 학문을 연구하는 과정이지 목적 없이 공부를 계속하는 것은 황금과 같은 젊은 시기를 낭비하는 어리석은 것이다.

미국 하버드대학 학생들이 학업 도중에 자퇴하고 직업에 뛰어드는 학생이 많다고 한다. 이것은 학업 도중에도 연구한 결과가 직업이 될 수가 있으면 학교를 자퇴하고 직업을 선택하기 때문이다.

이것은 공부가 결국은 직업이 되어야 한다는 것을 증명하는 것이다.

그러므로 특별한 목적을 가진 사람만 대학교 가서 이 사회에 공헌하는 삶을 살아가겠다고 확신하며 공부해야 한다.

대학교 공부를 목적 없이 다른 사람이 한다고 나도 따라서 한다면 청년의 황금과 같은 귀중한 시기에 세월을 낭비하는 어리석은 사람과 같다.

모든 사람은 다 똑같지는 않다.

남녀가 다르고, 신체의 크기, 생김새, 특히 모든 사람의 지능지수는 너무나 많이 차이가 난다.

모든 사람이 지능지수가 다 다르고 생각하는 것도 다르다.

또 취미, 좋아하는 것, 습관이 모두 다르다.

그러나 부모들과 학교에서는 아이들을 똑같이 취급하고 똑같은 공부를 하라고 강요한다.

그것은 공부가 적성에 맞지 않는 학생은 대학 진학을 하여도 그 학문을 잘 알아듣지 못하며 따라가지도 못하고 이해하지 못하기 때문에 공부를 계속하는 것은 황금과 같은 젊은 나이에 고통만 더하게 되며 세월을 낭비하는 것이다.

이 학생들 또한 자신의 능력한계를 이기지 못하여 공부가 고통스러울 것으로 대충 학교 다니다가 졸업장만 받으면 그만이고 학교 다닐 때 공부했던 내용을 물어보면 아는 것이 별로 없다.

또 대학교에서 배운 지식이 사회에서 직업이 되어야 하지만 대학교를 졸업한 학생들에게 "앞으로 무엇을 하면서 살아갈 것이냐?"고 물으면 많은 학생이 대답하지 못하는 것은 큰 실망을 준다.

이런 것을 보고 세월만 낭비하고 부모의 골수를 빨아먹는 나쁜 자식을 양성하였다고 말하고 싶은 것이다.

그러므로 기초 학력인 초등학교에서는 같이 공부하였을지라도 중학교부터는 학생의 학습 능력과 취미, 미래 직업을 고려하여 각 사람에 맞는 교육프로그램을 완성하고 가능하다면 빨리 시작하여야 그 사람의 미래 가 밝을 것이며 대한민국의 미래가 보장될 것이다.

학습 능력이 높은 학생은 공부가 재미있을 것이나 반면에 학습 능력이 떨어지는 학생들은 공부는 재미가 없을 것이다.

그러나 학습 능력이 떨어지더라도 같은 일이 반복되는 단순 작업인 기능적인 일은 잘 적응하고 잘할 수가 있어서 자신만이 잘하는 독창적인 공부와 기능적인 일을 선택하면 잘할 수 있기 때문이다.

그러므로 중하위권의 학생들은 대학을 진학하지 말고 고등학교에서 직업이 될 수 있는 공부와 현장실습을 계속 반복하여 숙련도를 높여서 직업을 완성하여 고등학교를 졸업한 후 취업전선으로 빨리 뛰어들어 잘하는 일을 성공시켜 안정된 삶을 살아갈 필요가 있다.

그렇다면 대학교에서도 1~2년 재 직업학교를 세워 학습 능력이 떨어지는 학생을 4년 동안 고통스럽게 교육받게 할 것이 아니라 한가지 직업이라도 올바르게 교육하여 사회에 배출하여야 한다.

한가지 기능직 일을 계속 발전시켜 직업이 되게 교육한다면 4년 후에는 대학을 졸업하는 사람보다 경제적으로 빨리 자리를 잡게 되어 자신 있게 연애도 하고 결혼을 20대 초~중반에 하여 경제적으로나 가정적으로 일찍 독립할 수 있게 되어 남은 인생을 행복하게 살 수 있게 될 것이다.

또한 기능적인 기술은 정년퇴직이 없으므로 건강한 사람은 80세 가까이 일하며 경제적으로도 독립을 할 수 있으며 국가 산업 발전에 큰 도움이 되므로 국가는 대학가지 않고 고등학교를 졸업 후 취업하는 청년들에게 다른 사람이 대학교 다니는 4년 동안 기술을 더 향상하도록 기술교육 지원을 계속한다면 좋은 결과를 가져올 것이다.

그러므로 정부와 교육 당국에서는 저출산 고령화를 해결하기 위해 장기적인 계획으로 학생들의 학습 능력과 각 가정의 경제를 살펴 적극적으로 직업을 빨리 선택할 수 있도록 중, 고등학교 교육을 직업교육으로 빨리 전환해야 하고 특별한 목적과 수학능력이 높은 학생들만 대학으로 유도하여 성인이 되면 사회를 위한 공공 서비스를 담당하도록 하여야 한다.

다) 성인이 되어 취업하면 결혼부터 해야 한다.

아이가 태어나면 몇 달이 되지 않아 옹아리를 시작한 후에 엄마라는 단어를 말하면서부터 교육이 시작한다.

아이가 어려서부터 공부를 조기에 시작하여 청소년 때는 물론 성인이 된 후에도 계속 공부하는 기간을 생각해 보면 약 20~25년을 공부하는 경우가 많이 있다.

이것은 상당한 기간이 인생의 황금기로 공부에 너무 많은 시간을 낭비하는 것은, 정해진 시간 속에 살아가는 인생으로서 공부에 대한 시간을 줄이고 잘사는 방법이 있는지 살펴보아야 할 것이다.

오늘날에는 기본적인 초등학교 공부만 해도 일상생활에 필요한 모든 지식은 PC나 휴대폰 안에 다 있어서 검색하면 상세하게 알 수가 있으므로 불필요한 공부에 시간 낭비할 필요가 없는 시대가 왔다.

가능하다면 일찍 직업전선에 일찍 뛰어들어야 하는 것은 성인이 되어 약 70~80년의 장기적인 삶을 살아가게 되므로 빨리 직업을 완성하여 경제적으로 안정적인 삶을 살아가도록 일찍 결혼하여 가정을 이루어 가족과 함께 평안과 기쁨의 삶을 영위하는 것이 가장 좋은 삶의 길이다.

불필요한 공부를 너무 많이 하는 것은 세월의 낭비요, 인생 삶에 불필요하므로 직업을 위한 공부가 인생에 큰 도움이 될 것이다.

이것은 과일나무마다 다 다른 열매를 맺듯이 사람도 자기 개성과 능력대로 결실하며 살아가는 것이다.

사람 또한 각자 능력과 재능을 발휘하여 자기가 원하는 직업과 일을 하며 살아가는 것이다.

20세가 되기 전 자신의 직업을 완성하고 성인이 되면 과감하게 부모를 떠나 스스로 책임지는 삶으로 직업전선에 빨리 뛰어들어 경제적으로 독립을 하고 결혼이 가능한 순간에는 결혼부터 빨리해야 인생 전체 스타트라인에서 빨리 출발하게 되므로 나와 가정이 모두 성공하는 인생을 살아갈 수가 있는 것이다.

결혼이라는 스타트라인에서 빨리 출발하면 건강할 때 아이를 낳게 되어 엄마나 아이가 건강하게 되고 부부가 젊을 때 함께 경제적인 기반을 잡게 되므로 내가 원하는 인생 스케줄을 빨리 완성하는 결과가 될 것이므로 황혼기에 가까이 갈수록 행복한 삶이 더해질 것이다.

결혼을 25세 이전에 하는 것과 35세에 하는 것을 비교하면 10년 동안의 경제적인 차이가 있으므로 직장인 기준으로 이것을 저축으로 계산하면 1~3억 원 정도 차이가 있을 것이다. 이것은 결혼하면 부부가 함께 모으므로 가능할 것이다.

우리나라 결혼 나이를 살펴보면 1900년도에는 약 15~18세에 결혼을 하였으나 결혼 연령이 점점 높아져 지금은 30~35세가 보편화되었다.

한마디로 20대에 결혼해야 할 것이나 30대에 결혼하는 것이 정상이라고 생각하며 결혼을 계속 늦추는 잘못된 경우가 상당하다는 것이다.

결혼 연령을 객관적으로 살펴보면 올림픽에서 기록경기 메달을 딴 선수들이 약 20대 초반에서 25세 정도에 메달을 많이 따는 것을 생각해 볼 필요성이 있다.

이 수치는 기록경기 기준이며, 기술적인 경기는 제외한 기록경기를 살펴볼 때 사람 신체의 세포가 가장 활성화되어 좋을 때가 약 23세라고 본다면 결혼은 23세 정도에 하는 것이 가장 좋으며 30세 이전에 아이를 모두 출산하는 것이 부모 본인의 건강이나 태어나는 아이의 건강과 지능지수에도 좋은 영양을 주게 된다.

이것은 부모가 건강할 때 좋은 유전적 체질을 자녀에게 물려주어 자녀의 아이큐가 높고 건강하게 자랄 수 있으며 부모 또한 건강할 때 아이를 양육할 수 있는 것이다.

또 결혼의 만족도를 조사한 미국 텍사스 대학교 결과를 보면 22세~25세의 만족도가 가장 높았다.

이것은 신체적인 조건이 가장 좋은 상태에서 남녀의 육체적 관계에서 만족도가 높았다는 뜻이며 아이를 낳거나 키우는 것도 부모가 건강할 때 힘이 덜 들기 때문이다.

그리고 의학적으로도 20대 중반부터는 사람이 늙어간다고 한다.

또한 결혼을 빨리하면 그만큼 젊을 때 아이를 키우므로 육체적으로 잘 견딜 수가 있고 가난한 부부라도 일찍 경제적으로 절약하는 삶을 살아가게 되어 약 30세 정도에는 작은 집 한 채는 마련하게 될 것이다.

가난한 부부가 원룸에서 시작했다고 가정하면 아이가 10살 이전의 있었던 일들은 성인이 되어 기억하는 것은 아주 작은 일부분뿐이다.

그렇다면 원룸에서 아이를 키우며 좋은 옷과 좋은 음식을 먹는 것과 큰 집이 아니더라도 부모가 사랑과 정성으로 키우면 아이는 잘 성장할 것이며 성인이 되어서는 부모님이 어려운 삶 속에서 자신을 키우느라 고생하신 것을 감사하며 효도하며 살게 될 것이다.

성인이 되어 결혼할 수가 있을 때 가능하다면 빨리 결혼하라고 권장하는 것은 소중한 남은 인생이 70~80년이 되므로 결혼을 빨리하여 아이도 빨리 낳아 안정적으로 미래를 살아갈 수가 있기 때문이다.

성인이 되면 결혼하여 아이를 낳아 키우는 것은 부모가 그

랬듯이 나 또한 가정을 이루어 조상 대대로 내려오는 후손을 이루고 더 나아가 국가의 힘이 사람이므로 국가를 위해 자녀를 낳아 키워주므로 국가에 대한 의무를 다하는 것이다.

그러나 나만 생각하며 결혼을 부담스럽게 생각하고 경제적인 이유로 결혼을 미루거나 포기를 하고 아이를 낳지 않는다면 고령화가 지속되어 나와 후손들은 더 큰 부담을 안고 살아가야 하며 더욱더 심각한 것은 지구상에서 가장 살기 좋은 자유 대한민국이 소멸하고 있다는 사실을 명심해야 한다.

결혼은 내 인생에 새로운 가정을 이루어 행복한 세상으로 나아가는 출발점이라고 생각하면 20대 초~중반에 빨리 출발하는 것이 유리하다.

그것은 자녀들을 젊어서 낳아 키우고 나이가 들수록 안정적이며 평안한 삶을 찾는 것이 좋은 삶이기 때문이다.

라) 결혼을 빨리하면 인생 전체의 이익이 된다.

우주가 탄생하기 전 태초, 우주는 아주 깊은 어두운 가운데 땅은 우주 공간에 우리 눈에 보이지 않은 먼지보다 더 고운 상태로 미세하게 흐트러져 있었고 그 안에는 물과 함께 진리 말씀인 생명이 존재하고 있었다고 성경에 기록되어 있다.

그 생명의 소리가 큰 빛과 함께 발생하였는데 인간이 상상할 수 없는 우주 전체에 울려 퍼지는 큰 소리가 우주에 가득하였는데 이것이 진리 말씀의 시작이다.

이때부터 우주 만물의 생명은 시작되었으며 흐트러져 있는 흙이 모이며 각종 별이 되어 우주 공간에 있게 되었다.

그중에 하나의 별이 지구다.

지구는 우주에 있는 모든 행성 중에 가장 아름다운 별이라고 생각한다.

이 지구 안에 살아있는 생명들은 모두가 짝을 이루어 번식하며 최대한 자유를 누리며 살아가고 있다.

미생물로부터 시작하여 식물과 곤충과 동물들도 계절에 맞추어 번식하면서 살아가듯이 사람도 성장하여 성인이 되면 때와 시기에 맞추어 결혼하고 아이를 낳아야 하는 것은 나를 낳아주신 부모와 내가 국적을 두어 나를 보호하는 대한민국과 세상을 창조한 창조자의 진리 삶에 순종하는 것이기 때문이다.

사람이 세상에 태어난 이유를 다시 생각을 해보자.

가장 큰 이유가 모든 생명이 그렇듯이 번식하는 일이며 더나아가 만물의 최상위에서 살아가는 인간으로서 공의로운 삶으로 세상을 정복하고 다스리며 세상을 평화롭게 운영하여 온 세상이 안전하게 영원히 보존되게 하는 것이 인간의 의무다.

인간의 의무를 다하기 위하여 우선 가장 좋은 결혼 시기와 때를 맞추어 결혼하여 아이를 낳으며 살아가야 하는 것이 무엇보다 가장 중요하다.

이 시기를 놓치면 결혼 후 70~80년을 살아가야 하는 인생 전체 삶이 흐트러져서 노후에도 고단한 삶이 계속되고 후손과 국가에도 나쁜 영향이 미치기 때문이다.

이 시기는 사람마다 약간의 차이는 있으나 가능한 객관적으로 생각하여 신체조건이 가장 좋은 20대 초~중반이 가장 좋으며 30세 이전에 아이를 모두 낳는 것이 부모나 아이의 건강에도 아주 좋으며 인생 전체 스케줄에도 적당하여 노후에 평안한 삶을 살 수가 있는 것이다.

그러나 결혼하려면 청년들이 스스로 만남과 결정을 잘해야 할 것이나 이것이 잘되지 않고 있으므로 국가에서는 저출산이 해결될 때까지 결혼상담소를 운영하여 적극적인 홍보와 결혼해서 살아야 하는 예방교육과 지원을 할 필요가 있다.

또 경제적인 부담을 생각할 수 있겠으나 아이는 돈으로만 키우는 것이 아니라 부모의 사랑과 정성으로 돌보아 주고 골고루 잘 먹이기만 하면 가정 환경에 상관하지 않고 청소년 시기까지는 건강하게 잘 성장한다.

다시 말해서 먹는 것은 무엇이든지 골고루 잘 먹으면 되고 옷은 깨끗한 옷을 단정하게 입으면 되는 것이다.

또 어려서 유치원 보내거나 보내지 않아도 초등학교 공부는 유치원에서 배운 공부가 반복되므로 아이의 공부 실력은 초등학교 입학 후 6개월이 지나면 유치원을 보낸 이이나 보내지 않는 아이의 학습 능력이 비슷하게 된다.

그러므로 조기교육을 하지 않아도 아이들의 실력 차이는 크지 않다는 것이며 사춘기까지는 별 염려하지 않아도 된다는 뜻이다.

이유는 아이들의 지식의 발전은 지능지수에 따라 한계가 있어서 유치원 때 배우는 것은 순간적으로 작은 지식을 알 뿐이며 이때 배우는 공부는 대부분 초등학교에서 반복되는 것들이다.

아이들은 초등학교 가기 전까지는 큰 저택에서 살던 아이나 원룸에서 살고 있던 아이나 부모의 사랑으로 서로 교감하며 살아가면 잘 성장하므로 오히려 성인이 되어 부모가 어려운 환경에서 자신을 키웠던 것들을 생각하며 평생 고마워하며 살 것이다.

가난한 부부가 원룸에서 아끼며 절약하는 습관으로 서로 힘을 합쳐 돈을 모으며 10년을 노력하면 부모 스스로 작은 주택 정도 마련하는 경제를 이루게 되고 삶의 단계적인 성취감으로 절약하며 평생을 성실하게 살 아가게 될 것이다.

아이들이 성장하여 성인이 되어 살아가면서 성공하는 사람들을 보면 환경이 중요한 것이 아니라 어려서부터 얼마나 스스로 책임지고 진실하고 올바르게 열심히 살아왔느냐가 성인이 되어서도 책임 있는 삶을 계속 살아가게 되어 성공하는 것을 볼 수가 있다.

이러한 습관으로 노력하는 부부는 평생을 통해 절약 정신으로 살게 되므로 정신적으로나 경제적으로 무너지지 않는 좋은 가정을 이루어 성공하는 삶을 살아가게 된다.

오히려 가난한 환경이 사람을 강하게 만들어 주어 인생 전체를 성공으로 이끄는 것을 얼마든지 볼 수가 있다.

저자 또한 아무것도 없이 6개월의 실업자 상태에서 결혼하여 부엌도 없는 단칸방에서 신혼생활을 시작하였고 또 결혼 후 6개월의 실업자 상태에서 결혼생활을 계속하였으나 직업을 구한 후 직업인 일을 열심히 성장시키므로 시간이

지날수록 일에 성공한 결과가 사업으로 이어져 경제적으로도 성공하였다.

　인생의 삶은 장기 레이스이므로 지금의 어려움보다는 장기적인 계획을 잘 세우고 꾸준히 노력하면 얼마든지 인생을 역전시킬 수가 있으므로 두려워하지 말고 과감히 도전하여 행복한 미래를 쟁취할 것을 조언한다.

03

왜 결혼하지
못하는 사람이
많을까?

03

왜 결혼하지 못하는
사람이 많을까?

대한민국은 선진국이다. 세계적으로 잘사는 나라다.

저자도 많은 나라를 다녀 보았으나 우리나라같이 살기 좋은 나라가 없다고 생각한다.

세계 어떤 나라보다 모든 면에서 살기 좋은 나라가 분명하다.

우리나라같이 치안이 안전하고 의료보험제도가 잘되어 있으며, 도로, 철도 등 사회 간접시설이 잘되어 있고, 인터넷이 선진국 중에서 가장 잘 되어 있고 팁 문화도 없는 인심 좋은 나라이므로 세계에서 가장 살기 좋은 대한민국이라 생각한다.

그런데 왜? 결혼하지 않는 사람과 결혼을 미루고 있는 사람들이 많으며 아이도 낳지 않으려고 하고 부모에게 계속 의지하고 미래를 나 스스로 결정하고 살아야 하는 일들을 결정하지 못하고 미루며 방황하고 있는 청년들이 많을까?

우리 부모님 세대에서 결혼하지 않고 살았던 사람이 있었을까?

한 번 살펴보기로 하자.

특별한 이유가 있어서 결혼할 수가 없는 경우가 있을 수도 있겠으나 정상적인 사람이 결혼하지 않고 살고 있다면 사람들이 수군거리기를 성적인 불구자 즉 고자가 아닌가 하며 의심하였다.

결론적으로 말하면 결혼할 수 있는 모든 사람은 모두 결혼하였다고 보면 맞다.

그런데 오늘날에는 멀쩡한 남, 여 청년들이 결혼할 나이가 지나도 왜 결혼하지 않고 있는 사람이 많을까?

국가에서 작성한 통계를 보자.

22년 통계로 35세 남녀의 72%가 직업이 있고 신혼부부 평균 연 소득은 약 6천8백만 원이지만 결혼자금이 부족하다, 결혼 필요성을 못 느낀다. 양육비가 부담된다. 아이가 태어나면 자신의 자유가 침범당한다 등 결혼하지 않으려는 이유가 너무나 많다.

무엇이 부족하기보다는 청소년 시기부터 부모의 과잉보호를 받고 자란 삶이 비닐하우스 안에서 자라는 식물처럼 살아오다가 성인이 되어 갑자기 독립하여 자신을 책임지고 스스

로 살아가야 하는 일들 앞에서 스스로 판단하고 해결해 나가
려는 능력과 의지가 부족하기 때문이다.

이것은 청소년의 성장 과정에서 스스로 책임지고 살아가
는 삶을 배우며 성인의 삶으로 점점 바뀌어야 했으나 부모에
게 의지하는 습관과 부모가 자녀에게 불필요한 간섭이나
보호가 계속되고 있었기 때문이다.

다시 말하면 가정이나 학교에서 청소년이 성인으로 살아
가는 사전교육이 되지 않아서 성인이 되어도 갈 길을 찾지
못하는 것이다.

우리나라 캥거루족은 현재 약 65만 명이라고 한다.

그리고 2022년 기준으로 결혼하지 않은 사람이 남자는
47%, 여자는 37%라고 한다.

또한 이렇게 저렇게 계속 결혼을 미루다가 결혼하면 첫 아
이는 부모 나이가 33세 이상 되어서 출산하게 되는데 미국보
다 6년이나 늦다.

결혼을 늦게 하여 자녀 출산이 늦으면 자녀를 1명만 낳거
나 포기하게 되는 것이 문제다.

현재 청년들의 생각은 결혼을 30대에 해야 한다거나 아이
를 한 명만 낳는 다거나 아이를 낳지 않겠다는 생각이 청년
들 전체에 퍼져있는 피동적인 생각이 보편화되어 있다고
보아야 한다.

또 한국의 양육비 지출은 미국과 독일에 비해 2배를 많이 지출한다.

아이 양육에 불필요하게 지출하는 비용이 많다는 것은 무엇을 잘못하고 있는지 꼼꼼히 살펴보아야 한다.

우리나라 부모들은 과잉보호를 뛰어넘어 더 나아가 아이를 자신이 만드는 반찬 요리하는 것처럼 생각하는 것 같다. 아이는 물건도, 반찬도 아니며 독립적인 생명이므로 어려서부터 아이 입장에서 보고 대화하며 설득하고 아이도 부모에게 설명하도록 하여 서로 협의해서 아이가 인정하는 범위에서 독립적인 선택을 하고 책임지게 해야 아이가 성인이 되어도 스스로 책임 있는 삶을 살 수가 있는 것이다.

유치원 교육은 초등학교에서 다시 배우게 되고 학원 교육은 학교 공부가 반복이 많으므로 오히려 아이들의 학습 능력을 잘 살펴보아야 한다.

학습 능력이 떨어지는 학생은 많은 공부보다 한가지 공부에 집중해야 한다.

한가지 공부만 잘해도 성인의 삶에 직업이 되어 잘 살기 때문이다.

현재 청년들의 모습은 결혼하지 않으려는 생각보다, 경제적으로 풍족하지 못하고 직업이 없는 것보다, 결혼 후 가정을 이루는 중대한 과제 앞에서 미래의 가정을 어떻게 책임지고 살아가야 하는지 정신적으로나 직업적으로 정리가 되어 있지 않아서 시도조차 하기를 두려워하는 것이다.

또한 대부분 시간을 휴대폰과 시름하는 삶은 휴대폰 안에 인터넷을 검색하여 내가 원하는 답변을 얻을 수 있지만 현실 속에 살아가는 사람들과 복잡하게 관계하는 삶은, 휴대폰 속에 삶과 달라서 잘 적응하지 못하는 경우가 많다.

휴대폰이 우리 삶에 꼭 필요하지만, 휴대폰 속에서 나와 필요할 때만 제한적으로 사용하여 실생활에 맞는 삶에 적응하고 살아야 한다.

그러므로 청소년의 시기에 미래 성인의 삶인 가정과 사회와 국가에 대하여 책임 의식을 가지고 살도록 확실하게 예방 교육을 해야 한다.

또한 청소년 때부터 모든 공부와 학교생활과 가족과 일상생활의 일들을 스스로 책임지는 습관으로 살아가게 해야 할 것이다.

어려서부터 청소년들이 독립적으로 살아가도록 보호와 간섭을 최소화하여 부모는 보조적인 역할에서 책임을 다해야 할 것이며 가정과 학교에서는 성인의 미래 삶에 대하여 철저한 교육을 해야 할 것이다.

또한 청년들은 미래를 향해 두려워하지 말고 과감한 도전이 필요하다.

모든 세상은 청년들 것이다.

그렇다면 당연히 성인이 되면 책임지고 자신이 지키고 해야 할 일들을 하며 세상을 경영하는 능력이 있어야 할 것이다.

가) 결혼의 시기와 남녀 신체 건강 조건은?

추운 겨울이 지나 봄날이 오면 새싹이 돋아나고 잎이 나면서 꽃이 피면 정말로 감탄사가 저절로 나오는 아름다운 꽃들을 보게 된다.

그러나 식물은 꽃이 피어있는 시간은 잠깐이며 열매를 맺기 위해 비바람을 이기며 한여름의 태양 빛에 열매는 익어가며 가을에는 풍성한 결실을 거두게 된다.

사람의 신체도 태어나면 무럭무럭 자라서 고무풍선처럼 탱탱한 피부를 유지하며 영원히 살아갈 것처럼 착각 속에서 살아가는 것이 사실이다.

그러나 사람이 태어나면서부터 죽음을 향해 방향이 정해져 있고 삶의 시간은 점점 줄어 들어가는 모래시계와 같은 삶을 살아가고 있다는 것을 대부분 사람은 깨닫지 못하며 살고 있다.

사람의 신체는 계속 발달하며 성장하다가 20대 중반의 시기가 지난 후부터는 다시 신체가 연약해지기 시작하므로 결혼하여 아이를 낳고 살아야 하는 시기는 20대 초~중반으로 신체가 가장 발달하여 인간의 세포조직이 왕성해 있는 시기로서 결혼하여 아이를 낳는 때도 이때가 가장 좋은 때다.

그렇다면 결혼하여 아이를 낳는 시기는 정해져 있다고

보아야 한다.

그러나 우리는 이것을 인지하지 못하고 우선 현실의 삶을 해결하기에 바빠서 결혼해야 하는 시기를 지나쳐 버리고 있다.

사람은 살아가는 환경에 따라 결혼 시기는 조금씩 다 다를 수가 있다. 아프리카와 같이 자연 중심으로 살아가는 청소년들은 약 15세부터 남녀 교제가 시작되어 아이를 낳기 시작하고 있다.

이것은 문명이 발달하지 못하여 자연환경에 의지하여 살고 있기 때문이라고 보아야 한다.

그러나 문명이 발달 되어 수도, 전기가 잘 공급되며 의료 혜택을 많이 받는 선진국으로 갈수록 결혼 나이가 많아지며 결혼하는 시기를 미루고 있는 것이 사실이다.

이것은 경제적으로 일하는 사람이 많아지고 있는 원인과 자신이 좋아하는 완벽한 사람을 선택하는 과정에서 자꾸 미루어지며 빈부의 격차를 극복하지 못하는 삶에 원인이 있는 것이다.

또한 경제적인 부는 이루었으나 빈부의 격차는 더 커가고 물가가 올라가므로 경제적인 안정을 이루지 못하여 빈부의 격차를 극복하지 못하는 청년들이 결혼을 미루거나 포기를 하는 일이 많기 때문이다.

경제적인 안정을 찾은 후에는 완벽한 상대를 만나 거창한 결혼을 하려고 하다가 신체는 결혼의 시기를 지나 몸이 약해지기 시작한다.

또 경제적으로나 직업적으로 안정되어 있다는 이유로 눈이 높아져서 결혼 상대자를 까다롭게 고르다가 시간을 보내며 결혼은 자꾸 늦어지는 현상이 발생하는 것이다.

그러나 결혼은 경제적인 것보다, 좋은 직업보다, 풍부한 삶을 꿈꾸는 것보다, 사람의 신체조직이 가장 왕성할 때 남녀가 만나 결혼하여 건강할 때 이이를 낳으며 미래의 삶을 부부가 함께 계획하여 실천하는 것이 가장 좋은 방법이라고 할 수가 있다.

예를 들어) 각 개인이 완벽한 직업을 가진 후 30대에 결혼하여 가정을 이루었을 경우와 20대 초~중반 직장을 가진 직후에 결혼하여 부부가 함께 가정을 이루어 열심히 살아가는 사람과의 차이는 무엇이 다른지 생각해 보자.

전자가 옳을 것 같으나 전자는 돈을 벌었으나 화려한 결혼식으로 낭비를 많이 하고 좋은 집을 마련하려고 은행 융자를 받아 더 거창한 신혼생활을 꾸미려다가 빚이 많은 상태에서 아이를 늦게 출산하다가 보니 평생 빚을 지고 살아가며 노후에는 60세가 지나 70세가 넘어서도 아이들의 늦은 결혼으로 부담이 계속 남게 되어 황혼의 행복을 누릴 수가 없게 되므로 인생 전체를 힘들게 살아가는 경우가 많다.

후자는 일찍 동거 가정을 이루거나 결혼하므로 원룸이나 작은 빌라에서 시작한다는 과정에서 보면 20대 초~중반에 아이를 낳아 키우며 부부가 빚이 없는 상태에서 함께 노력하는 삶을 살게 된다.

우리 조상님들의 말씀에 의하면 "젊어서 고생은 사서도 한다"는 말씀은 몸이 건강하고 젊을 때 열심히 일하면, 늘어서는 행복할 수 있으므로 젊을 때 고생을 달게 받고 참으며 인내하면서 열심히 살라는 말씀이다.

사람들은 항상 편하게만 살려고 하지만 힘든 삶을 통해 강해지고 지혜롭게 되며 능력 있는 사람이 되어 간다는 사실이다.

후자 부부는 부채가 없이 시작하고, 아이는 일찍 낳아 30대 늦게 결혼한 사람이 결혼할 시기에 초등학교 다니게 되고 경제적으로는 두 사람이 같이 벌어 한 사람분을 저축하면 10년 후에는 약 1~3억 원 정도는 저축하여 작은 주택을 마련할 수가 있으므로 점점 경제적인 안정을 찾게 되어 시간이 흐를수록 자녀들과 함께 행복한 삶을 살아가게 될 것이다.

인생 전체 계획을 보면 최소한 20대 초~중반에 결혼하여 30세 이전에 아이를 2~3명을 낳은 사람들은 60세 이전에 다시 자녀를 시집, 장가를 보내고 황혼기에 건강한 생활을 하며 취미생활과 여행 등으로 부부만의 행복을 위해 살게 되므로 결혼의 적령기는 20대 초~중반까지로 보는 것이 가장 적정한 시기라고 할 수 있다.

나) 자녀의 결혼은 당사자가 결정해야 한다.

식물은 씨앗과 열매를 남기고 동물도 새끼를 낳아 번식한다.

인간이 자녀를 출산하여 세상에 자손을 퍼트리는 것은 세상에서 생명을 가진 모든 생명체는 모두 후대를 남기는 것이 진리요 도리이다.

결혼하여 아이를 출산하는 것은 내가 사랑하여 결혼한 사람과의 사이에서 태어난 사랑의 열매로서 이 세상에 남겨야 할 귀중한 사랑의 씨앗이요 후손이라는 사실이다.

내가 낳은 자식은 누구 것인가?

인간은 태어나면서부터 독립적인 인간으로 태어나 성장하면서 점점 독립적으로 살기를 원한다.

부모는 아이를 낳은 것은 사실이지만 아이의 삶을 도와주는 위치에서 아이가 어려서부터 정직하고 진실하게 살면서 스스로 자신을 책임지며 살도록 도와주기만 해야 한다.

그러므로 내가 낳은 자녀는 내 것이 아니다.

내가 낳았으나 세상에서 잘 존재하도록 성장하게 하여 이 사회를 위해 제공하는 의무라고 생각하는 것이 마땅한 것이다.

그러므로 아이들은 나와 국가가 함께 책임지고 키우며 교육해야 하는 것이므로 부모가 자녀들에 대하여 과대한 책임은 가질 필요가 없다.

이 말을 다시 정리하면 아이를 키우는 것은 내가 가지고 있는 것으로 정성을 다하여 키우며 돌보아 주면 된다는 뜻이다.

아이를 키우는데 큰 부담을 갖지 말고 내가 가지고 있는 조건에서 최선을 다한다면 모두가 100점이라고 할 수가 있다.

자녀가 성인이 될수록 과잉보호와 간섭을 점점 자제하고 성인이 되어서는 자녀가 이 사회를 위해 봉사하며 스스로 살아가도록 모든 간섭을 중단하고 가능하다면 빨리 독립시켜 스스로 살아가도록 해야 한다.

내 인생은 내가 스스로 생각하고 판단하여 결정하고 살아가는 길이 무엇보다 중요하다.

이성 간의 교제나 동거 가정, 결혼 결정도 서로가 좋아한다면 어떤 외적인 간섭도 받지 않고 서로 존중하는 가운데 자신 있게 상대를 선택하여 스스로 결정하고 가정을 이룰 줄 아는 것이 현대 선진국 청년들이 가정을 이루는 표준화된 길이다.

부모가 나 대신 인생을 살아줄 수는 없는 것이다.

그런데 부모들은 자녀들이 어려서부터 과도한 간섭을 하고 과잉보호하던 습관적으로 성인이 되어서도 자식을 계속 품 안에 두고 간섭하고 잘못된 문화와 풍습을 들이대고 평가하고 판단하는 것은 결국 자식의 인생을 실패하게 할 수도 있으므로 주의해야 한다.

이것은 부모가 자식보다 더 오래 살것처럼 무한대로 간섭하는 일은 즉시 중단해야 한다.

무엇보다도 어렸을 때부터 자신을 책임지고 미래 삶을 스스로 계획하고 결정하며 실천하면서 살도록 교육해야 한다.

내 인생은 내가 책임지고 살아가야 하는 귀중한 삶이다.

내 삶은 내가 인생에서 최고의 결정 권한을 가진 것을 명심하고 청년들이 자신의 미래를 위해 스스로 과감한 결정을 해야 한다.

결혼이야말로 내 인생을 완성하는 가장 최고의 중요한 일이다.

내가 좋아하는 사람이라면 내가 가난하든지 수입이 적더라도 내가 책임지는 자세로 상대를 과감히 선택하여 사랑하는 사람과 함께 할 수가 있어야 한다.

20대 경제적으로 어려울 때 서로 도우며 힘들게 이룬 가정은 평생 어려웠던 시절의 노력을 기초 삼아 열심히 살아가기 때문에 절대로 무너지지 않는 튼튼한 가정이 될 것이다.

결혼은 잘하고 못하는 것보다 시기를 놓치지 않는 것이 가장 중요하고 결혼 후 어려움은 젊어서 부부가 함께 해결해 나갈 때 좋은 추억을 만들며 진정한 가정을 하나하나 완성해 가는 길인 것이다.

"젊어서 고생은 사서라도 하라"는 조상님들의 말씀을 기억해 보자.

젊어서 게으르게 살다가 계속 부모님께 의지하고 사는 것은, 벌레가 죽어가는 어미의 시체의 액을 빨아 먹는 것과 무엇이 다른 것인가 심각하게 생각해 보아야 한다.

결혼 시기를 놓치면 남은 인생 전체가 불행해지기 쉽기 때문이다.

아이를 잘 키워서 성인이 되어 일찍 결혼시키면 손주들의 재롱이 기쁨의 배가 되고 60대에 자녀 걱정에서 벗어나게 된다.

그러나 결혼을 30대에 늦게 하면 60대가 지나 70대에도 자녀를 계속 돌봐주어야 한다.

또 자녀를 늦게 낳게 되면 부모나 자녀의 건강에도 악영향을 미칠 가능성이 높은 것이다.

결혼은 좋은 직장을 다니며 경제적으로 여유가 있어서 하는 것이 아니라 직업을 가지게 되면 수입이 적어도 시기에 맞추어 동거 가정을 이루거나 결혼해서 부부가 함께 가정을 이루며 성장시켜 나가는 것이 바람직한 방법이므로 꼭 기억하고 실천해야 한다.

지금부터는 국가에서 결혼부터 출산하여 양육하는 과정까지 보조하여 주므로 경제적으로나 시간적으로 큰 도움이 될 것이 분명하다.

다) 부모가 건강할 때 출산하면 아이도 건강하다.

우리 부모님들의 과거 결혼을 생각해 보자.

약 10대 후반부터 20대 초반에 결혼하여 산부인과도 없는 가정에서 3~5명을 낳았으며 많게는 7~10명을 낳고 아이들을 가정에서 힘들게 키우며 살면서도 자녀들 때문에 힘들다는 표현을 하지 않으시고 살아오셨다.

이것은 힘이 들지 않기 때문이 아니라 내가 낳은 자식은 내 인생의 축복이라 생각하시고 살아오셨기 때문에 가난하거나 부유하거나 빈부의 격차를 생각하지 않고 내가 가진 것으로 최선을 다하여 아이를 양육하였기 때문이다.

부모님들이 지금보다도 더 부유해서 아이를 많이 낳아 키웠던 것이 아니라 지금보다 더 가난하고 환경이 더 열악했으나 아이를 낳아 키워야 한다는 생각이 강했기 때문이다.

한마디로 과거 부모 세대와 지금 청년들의 결혼과 아이를 낳아 키운다는 생각의 차이가 있어서 결혼과 아이의 출산 차이도 정신적인 생각의 차이에 있다고 보아야 한다.

우리 부모님들은 대부분 농촌 일이 너무 많아서 허리는 꼬부라지고 무릎에는 관절병이 있고 손가락에는 마디마디마다 관절 손상으로 구부러진 손가락을 펴거나 오그리는데도 어려울 정도로 힘들게 살아오셨지만 90세를 넘겨 100세 이상 살아가는 분들이 많다.

이것은 20대에 아이를 출산하였던 것으로 신체가 아주 건강할 때부터 아이를 낳아서 신체의 회복이 빨라 견딜 수가 있었을 것이다.

부모님들은 다산의 어려운 환경에서도 형제자매들이 서로 의지하고 다투며 사회성을 키우며 살아온 결과 아이들은 성인이 되어서도 많은 사람 속에서 서로 협력하면서 살고 있다.

이것은 부모님들의 아이 양육에 성공한 삶이라고 보아야 할 할이다.

그러므로 아이를 하나만 낳아 외롭게 살도록 하는 것 보다 2~3명의 아이를 낳아 서로 의지하고 협의하며 타협하면서 사회성을 배우며 살아가도록 하는 것이 좋을 것이다.

또한 하나만 낳아 부모 생각과 정성을 한 아이에게 집중하는 것보다는 2~3명의 아이에게 분산하여 아이들 스스로 살아가도록 관심을 줄이는 것이 좋다.

어떤 가정의 이야기다.

엄마 아빠는 한 교회를 다니며 서로 좋아하다가 25세 동갑 나이에 결혼하였다.

이 부부는 최상의 건강 상태에서 30세 이전에 아이를 3명을 낳아 음식도 골고루 잘 챙겨 먹이면서 있는 것으로 키운 결과 아주 건강하게 잘 자라고 있는 것을 보았다.

그 가정의 아이들은 3남매가 서로 다툼도 하면서 서로 의지하며 공부도 잘하면서 건강하게 자라고 있다.

부모는 보통 사람 이였으나 아이들은 상상 이외로 건강하고 활발하게 자라며 살고 있는 것은 무엇보다 보모가 건강한 20대 중반에 아이를 낳아 키우는 것에 있다고 생각한다.

현재는 중학교와 초등학교 다니고 있으나 부모는 아이들이 어려서부터 작은 일에나 공부도 스스로 책임지고 하도록 하고 자율성 있게 성장하도록 지도한 결과 모두 건강하고 책임감 있게 성장하고 있다.

우리는 이왕이면 아이들이 좋은 환경에서 잘살기를 원한다.

그러나 이러한 환경을 누가 가져다주는 것이 아니므로 내 앞에 펼쳐진 환경을 이용하여 환경 자체를 교육 장소로 활용하여 아이들을 잘 키워야 한다.

그러면 어려운 환경에서 자란 아이들이 성인이 되어 어려움을 잘 극복하며 부모님에게도 감사하며 사는 경우가 얼마든지 찾아볼 수가 있다.

그러므로 중요한 것은 우리 현재 환경을 아이들에게 맞게 교육을 잘하면 좋은 결과를 만들어 낼 수 있다는 것을 명심해야 할 것이다.

동거 가정이나 결혼은 가능한 20대 초~중반 건강할 때 결혼하여 아이를 낳고 열심히 살아간다면 부모나 아이도 건강하여 책임을 다하며 스스로 살아가게 될 것이다.

또 일찍 결혼하여 아이를 일찍 낳아서 키우며 서로 힘을 합쳐 경제적으로 절약하면 10여 년 후에는 가정에 안정을 빨리 가져와 성공하는 결혼생활을 계속하게 될 것이다.

라) 직업을 가져야 결혼하여 가정을 지킬 수 있다.

세상에서 살고 있는 모든 사람은 각자 모습이 다르고 살아가는 모든 환경이 다르며 경제적인 면에서도 많은 빈부의 격차 속에서 태어나 살아갈 수밖에 없는 것이 현재의 삶이다.

빈부의 격차는 현재만 있는 것이 아니라 오래전 수천 년 전부터 사람이 농사짓기 시작하며 사유재산과 시장경제가 시작되었을 때부터 존재하였을 것이다.

이러한 다양성과 불평등함은 현대 사회에서는 자유 시장 경제 속에서 빈부의 격차가 점점 벌어질 수밖에 없는 것은 어쩔 수가 없는 환경이다.

우리는 이러한 환경을 탓하고만 있을 것이 아니라 어떻게 극복하고 이겨 내며 살아갈 수 있는지를 빨리 배워서 적응해야 한다.

먼저 청소년의 시기에 최소한 중, 고등학교 다닐 때 나에 대한 미래 직업을 가능하다면 빨리 결정하고 최고 실력으로 달인이 되도록 성장시켜야 한다.

요즈음 젊은 청년들은 넥타이를 매고 빌딩으로 출근하여 점심을 먹고 커피잔을 들고 다니는 셀러리맨을 꿈꾸며 취업 준비를 하고 있다.

그러나 인생 전체와 노년까지 생각해 보면 처음에는 힘들지라도 3D 업종에서 안정된 삶을 살아가는 사람들이 많이 있다는 것을 알아야 한다.

평균 소득별 매년 임금 증가를 살펴보면 저 임금일수록 임금 증가가 낮은 것을 볼 수가 있다.

우리나라는 매년 최저 임금을 책정하여 적용하지만 임금 상승율은 물가 상승률과 기업의 임금 상승률도 따라가지 못하고 있으며, 중소기업의 최초 임금율이 최저임금에 기준하고 있어서 취업하는 청년들에게는 큰 문제가 되고 있다.

또한 우리나라 근로자 전체의 비정규직은 2/3정도 된다고 한다.

청년들을 살리려면 최저임금제나 비정규직이란 제도를 폐지하고 임금협상을 기업과 노동자들의 협상에 맞겨야 한다.

그렇게 되면 모든 임금이 개인의 능력에 따라 결정되며, 노인들은 최저 임금 이하라도 일하게 되므로 일자리가 늘어나게 되고 청년들에게는 기술향상을 위한 지원을 확대하면 될 것이다.

이것은 최저임금을 기준으로 하는 써비스 업종에 젊은 청년들이 쉽게 접근하고 있기 때문으로 이곳에는 청년들의 안정된 직업을 찾기 어렵다.

이 일력이 기술직으로 전환하게 되면 처음에는 힘들지라도 기술의 숙련도에 따라 임금이 상승하고 나중에는 사업으로 발전하여 큰 부도 이룰 수가 있으므로 기술직으로 유도하고 적극적으로 지원해야 한다.

또 내가 대학교 가야 미래에 잘 되려는지, 고등학교만 나와 취업해야 잘 되려는지 내 능력과 가정 환경을 고려하여 신중하게 결정해야 한다.

한가지 직업에 전심전력을 다하며 내가 하는 일에 숙련된 사람이 된다면 직업의 안정으로 수입이 점점 늘어 빈부의 격차는 직업에 얼마나 성공하느냐에 따라 점점 줄어들게 되거나 극복하고 성공하게 된다.

어떤 사람들은 빈부의 격차를 추월하여 남보다 더 부유하게 살아가는 사람들이 많이 있는 것을 볼 수 있다.

직업의 안정은 나를 평생 경제적으로 보장하고 나와 가정을 먹여 살리며 나를 보호할 것이며 평안한 삶을 보장할 것이다.

특히 학교 학업성적이 중하위권이라고 생각하는 학생들은 대학교를 진학하는데 신중하게 선택해야 한다.

학업성적이 낮다고 꼭 실망할 필요는 없다.

학업성적이 낮을수록 한 가지 일을 반복적으로 하는 기능이 좋은 직업이 될 수 있으므로 한 가지 직업이 되는 공부와 내가 잘하는 일에 집중하는 것이 좋다.

그렇다면 한 가지 직업이 되는 일을 선택하여 일찍이 고등학교에서부터 배우고 실습을 반복하여 실력을 키워 취업한다면 공부 잘하는 학생이 대학을 졸업할 때는 이미 숙련공이 되어 경제적인 안정을 찾게 될 것이고 수입도 대학교를 졸업한 학생보다 높을 수가 있다.

예를 들어) 공부를 잘하였던 의대생이 졸업 후 의사가 되면 신체의 한가지를 담당하는 기능공과 같은 일을 하고, 공부를 잘하여 금융권에 입사한 직원이 하는 일을 보면 퇴직할 때까지 더하기. 빼기. 곱하기. 나누기의 초등학교 산수문제를 풀다가 퇴직한 것으로도 볼 수 있으므로 처음부터 기능직을 선택한 사람은 평생 자기 직업을 발전시키기 때문에 유리한 점이 많이 있다.

성적이 우수하여 일반 회사나 공무원, 금융권, 대기업에 취업하여 근무하는 사람이 55~60세에 퇴직하면 100세 시대에 실업자가 되는 경우가 많이 있다.

그러나 기능적인 일을 하는 직업은 퇴직하지 않고 80세가 되어도 근무하는 경우가 많아 노후에 안정적인 직업을 계속 가질 수가 있어서 본인이나 가정에 경제적으로 큰 도움이 된다는 사실을 알아야 한다.

결과적으로 보면 처음부터 기능직 직장으로 취업해서 하는 일에 자신이 있으면 사업으로 발전시켜 중소기업을 운영하며 큰 부를 이룬 사람들이 얼마든지 있는 것을 볼 수가 있다.

결혼하지 못하는 사람을 살펴보면 남자는 저학력 출신으로 직장이 없는 경우가 결혼하지 못하거나 늦게 되고 여자는 고학력 출신으로 좋은 직장일수록 좋은 남자를 찾다가 늦어지는 경우가 많다.

그렇다면 남자는 저학력자일수록 직업의 안정이 무엇보다 중요하므로 직업의 눈높이를 낮추어 내가 잘할 수 있는 직업이라고 생각하면 어떤 일이든지 빨리 선택하여 발전시키고 여자는 고학력자일수록 눈높이를 낮추어 성실한 남자를 찾을 필요가 있다.

직업에는 귀천이 없다.

나쁜 일만 아니면 아무리 낮고 천한 일이라도 성공하면 경제적으로 풍족한 삶을 살게 하며 가족을 책임지게 되므로 행복한 가정을 이루어 남은 인생을 평안과 기쁨으로 살아갈 수가 있다.

그러나 단순한 배달이나 아르바이트, 같은 미래 발전에 한계가 있는 직업은 젊은 사람들이 잠깐 할 수는 있으나 장기적인 직업에는 자제하고 기술적으로 미래 발전이 가능한 직업을 선택하여 기술의 숙련도를 계속 발전시켜 나가면 사업과 기업으로 성장하여 큰 부를 이룰 수가 있다.

우리나라는 외국에서 노동자를 받아 노동 현장에 많이

투입하고 있으나 기술적인 직종에는 우리 젊은 청년들이 일하게 하여 기술지원을 계속하여서 발전 성장하게 하여 부유한 삶을 살게 하는 것이 좋다.

단순한 배달, 도우미, 청소 등 간단한 서비스 업종에는 외국 계약직 노동자들을 사용하도록 유도하는 것이 필요하다.

저자는 직업을 가지면 20대 초반부터 무조건 결혼하라고 말하고 싶다.

무슨 말도 아니 되는 소리냐고 할 것이나.

청년들이여 겁내지 말라.

세상은 여러분 것이며 도전하는 사람 것이며 정복하는 사람 것이다.

아내가 될 사람도 남편이 될 사람도 20대에 내가 원하는 사람을 가능하다면 빨리 만나 내 사람으로 만들면 미래의 삶을 함께 행복하게 살아가는 것이다.

가능한 내 마음에 드는 사람을 다른 사람이 만나기 전에 먼저 만나서 부족한 상태에서라도 일단 결혼하고 열심히 가정을 하나하나 이루어 성공하는 사람은 그 어떤 두려움도 감수하고 성공하게 된다는 사실이다.

그러나 다른 사람이 나를 싫어할 때는 존중해 줄줄 아는 사람이 되어야 하는 것은 헤어지는 것도 존중하는 것도 사랑할 줄 아는 사람이 하는 것임을 명심하라.

내가 사랑하는 여자나 남자를 위하여 무엇이든지 열심히 일하며 사랑할 수 있는 사람은 평생에 모든 일을 성공으로 이끌 수 있다는 사실을 꼭 기억하고 살아라.

단 한 가지 투기나 한탕주의 삶은 금지하고 작은 일이라도 성실하고 진실하게 열심히 한다면 수입이 점점 늘어나게 될 것이며 점점 생활이 안정되어 모범적인 가정을 만들어 낼 수 있을 것이다.

04

동거 가정의
사회보장 제도를
완성해야 한다.

04

동거 가정의 사회보장 제도를
완성해야 한다.

저자는 결혼 이야기를 중점적으로 해야 할 것이나 복잡한
결혼장벽은 뒤로하고 이성을 만나 청년들이 동거 가정을 이
루도록 권장하기 위해 쉽게 가정을 이룰 수 있는 동거 가정
을 말하고자 한다.

먼저 청소년들을 교육하는 목적과 목표는 청소년이 성인
이 되어 부모 곁을 떠나 독립적으로 살아갈 때를 위하여
교육하여야 한다.

그러나 대한민국의 현재 교육은 청소년 그 자체를 위한
교육만 하므로 청소년이 미래 성인으로 살아가는 예방 교육
은 하지 않고 있다.

우선 공의로운 삶의 교육과 성인으로 살기 위한 직업의
완성과 인생 전체의 삶을 완성해야 하는 결혼과 아이를 낳아
키우는 미래 성인의 성공의 삶을 위한 예방 교육을 하여야
한다.

TV 뉴스를 보다가 충격적인 사실을 접했다.

수능 만점을 받고 대학을 나와 의사가 된 청년이 사귀던 의사 여성이 그만 만나자고 말했다는 이유로 흉기로 살해했다는 뉴스를 보며 충격에 빠졌다.

말 한마디에 사랑하던 사람을 살인하고 교도소로 간다는 것이 이해되지 않는다.

이러한 데이트 폭력으로 인한 사망이 1년에 500건 가까이 된다는 TV뉴스를 들으며 충격받았다.

두 사람은 모두 공부를 잘했으며 부모가 원하는 대학교를 졸업하고 원하는 좋은 직장을 가졌지만 왜 헤어지자는 말 한마디에 한 사람은 죽음으로 한 사람은 교도소로 가는 비극적인 길을 가게 되었을까?

이것은 사랑하는 남, 여가 만나 아름답게 데이트하고 시간을 보내며 미래를 약속해야 하지만 누군가 자기의 주장만 내세우다가 헤어지자는 말을 남자가 인정하지 않고 참지 못하여 문제가 발생했을 것이다.

이런 행위를 보면 지금의 가정에서는 청소년들이 성인으로 살아갈 때 꼭 필요한 진실하고 정직하며 서로 존중하며 자신이 만나는 사람을 도우며 책임지는 삶이 우선하는 교육이 절실히 필요한 것을 알 수 있는 것이다.

공부만 잘하면 미래에 잘될 것이라는 생각으로 자녀를

보호하고 이기적인 생각으로 성장하게 하는 것은, 성인이 되어서 자신만 생각하며 이성을 만나도 자신만 생각하며 대화하다가 분쟁이 많이 발생하며 가정을 이룬 후에도 자기가 마음대로 해도 된다는 생각이 계속되어 참지 못하고 헤어지거나 이혼의 길을 가게 된다는 것이다.

내가 호주를 여행하였을 때 가이드가 한 이야기다.

호주의 전 국민 건강관리는 종합검진을 하여 각 사람에게 병이 생길만한 의심이 있으면 미리 예방 차원에서 그 사람에게 맞는 건강식품을 주고 다 복용한 다음에는 복용한 건강식품 포장과 설문지를 함께 보건당국에 보고 하도록 하고, 만약 지시한 대로 복용하지 않았다가 나중에 그 병에 걸리면 그 병을 치료하는 의료혜택을 주지 않는다는 말을 듣고 감명을 받았다.

이같이 청년들이 학생이나 청소년 때 미래 성인이 된 청년의 시기를 생각하여 예방적인 차원에서 교육하여 잘 준비하였다면 직업도 잘 선택하여 경제적으로 독립하고 동거나 결혼을 잘했을 것이다.

그러나 우리 사회 청년들의 현실을 살펴보면 청년들이 직업과 결혼의 방향을 잘 잡지 못하고 결정하지도 못하며 방황하는 청년들이 너무나 많은 것을 볼 수 있어서 이에 대한 해답을 찾고자 한다.

청년들이 왜 미래 삶을 결정하지 못하고 있는가를 살펴보며 대책을 세운다면

1) 부모가 아이를 키울 때 어려서부터 진실하고 올바르며 착하게 자라게 하면서 아이가 함께하는 모든 사람과 공의롭게 살아가는 삶과 자신이 살고 있는 모든 행동을 책임지는 삶을 배우도록 교육하는 것이 무엇보다 중요하다.

2) 성인으로 살아갈 때를 대비하여 직업교육이 중, 고등학교, 대학교에서 잘되지 않아서 성인이 되어도 직업을 정하지 못하고 있으므로 학교 교육이 철저한 직업교육 중심으로 바뀌어야 한다.

3) 청년들이 국가나 사회에 대한 책임을 지고 살아가는 것과 결혼하여 가정을 이루는 준비와 책임 의식이 부족하여 성인이 되어서도 망설이다가 결혼 시기를 놓치고 있으므로 이에 대한 제도적인 교육을 학교와 지상파 방송, 신문, 인터넷, 모바일, 유튜브 등을 통하여 계속 교육하도록 제도적인 보완을 하여야 한다.

4) 청년들이 스스로 이성과 만남이 부족하고 만나더라도 좋은 대화와 자기 결정력이 부족하므로 결혼 전 교육과 결혼 성사를 위해 국가에서 직접 결혼 상담소를 운영하여 가정을 이루도록 돕는다.

5) 성인이 되어도 직업이 안전하지 않아 경제적인 능력이 부족하여 이성 간의 만남이나, 동거 가정을 이루거나, 결혼을 결정하지 못하고 있으므로 우선하여 가정을 이루도록 동거나 결혼자금을 지원해야 한다.

6) 청년들이 결혼하여 살아갈 경제적인 능력의 부족을 채워주고 경제적 격차를 극복하고 살아가는 사회보장 제도를 체계적으로 완성하여 청년들이 동거 가정을 이루거나 결혼을 빨리하여 안심하고 살아가도록 정치권에서 법적인 보장을 한다.

7) 이 모두는 교육으로부터 출발하므로 교육과정 전체를 수정하고, 동거 가정이나 결혼을 가능하다면 빨리 이룰 수 있도록 지원하는 정책을 과감하게 실천하여야 한다.

8) 가장 중요한 이유는 직업의 안정으로 동거 가정을 이루

거나 결혼해야 아이도 생기므로 저출산의 늪에서 벗어
날 수 있다는 것이다.

9) 지금까지 정부 정책을 살펴보면 아이를 낳는 조건이나
   아이를 낳은 가정을 중심으로 지원하고 있었다.
   그러나 동거 가정이나 결혼이 성사되어 가정을 이루도록
하는 것을 우선하여 지원하고 그다음 정책으로 아이를 낳아
기르는 정책을 순차적으로 펼쳐야 할 것이다.

10) 지금의 학교 교육은 학생들이 스승을 무시하고, 부모
    들은 자녀들의 학교 교육의 작은 일에도 간섭하고, 스
    승은 학생들에 대한 책임지지 않으려는 지금과 같은
    교육은 국가의 미래가 없다.

11) 학생들이 미래 성인으로 살아가는 교육은 공의로운 삶
    에 대한 교육이 더 강해져야 하고 이에 따른 반복 교육
    이 필요하며, 학부모들의 교권 간섭은 무조건 자제하
    고, 선생님들의 학생에 대한 확실하고 책임 있는 교육
    을 해야 한다.

12) 이제 국가가 청소년들과 청년들을 위해 모든 방법을

동원하여 적극적으로 나서야 대한민국의 미래가 보장된다.

정치권의 당과 계파가 조건 없는 협력을 통해 확실한 법을 제정하고 행정과 교육은 과감한 실천을 해야 저출산이 해결된다.

청년들이 스스로 해결하지 못하고 있다면 학교나 부모나 국가에서 나서야 하겠으나 가정에서 교육은 한계가 있다.

❖ 먼저 학교에서 올바로 살아가는 교육과 성인으로 살아갈 때 꼭 필요한 직업교육으로 사회와 회사들에 맞춤 교육을 하고, 국가에서는 제도적으로 자녀들의 취업, 동거 가정 지원, 결혼 독려, 출산의 중요성, 양육 지원 등을 책임지면서 완전한 가정을 이루어 저출산이 해결될 때까지 완벽한 시스템을 구축하여 교육하며 지원을 확실하게 해야 한다.

지금까지 국가에서 지원하는 방향은 아이를 낳았을 때를 기준으로 지원하였으나 앞으로는 청소년 때부터 인성교육, 직업교육을 하여 경제적인 능력을 갖추어 성인이 되면 동거 가정을 이루도록 우선 지원하는 앞선 대책을 세우고 실천해야 한다.

다시 말하면 이제부터는 아이가 태어나면 한 가정의
부모 자식이 아니며 대한민국의 한 국민이 태어났다는
생각으로 대한민국의 국민으로서 정직하며 진실하고
책임 있는 국민으로 건강하고 튼튼하게 자라서 국가의
훌륭한 자원으로서 살아가도록 국가가 아이들의 모든
성장을 책임지고 체계적으로 교육하고 지원하여야 한다.
청소년들이 자라 성인이 되어서 자신과 가정과 국가를
책임진다는 공의로운 생각으로 살아가며 사회에 봉사와
헌신을 다하도록 정신적인 교육을 끝없이 해야 한다.

가) 동거 가정을 합법화하고 지원을 확대해야 한다.

대한민국은 동방예의지국(東方禮儀之國)이다. 동쪽에 있는 예의에 밝은 나라라는 뜻으로, 예전에 중국에서 우리나라를 부르던 말이다. 우리 국민 또한 대한민국은 동방예의지국이라고 자화자찬하며 자랑하고 살아왔던 것이 사실이다.

이런 나라에서 동거라는 말은 있을 수 없는 말이다.

그러나 이제는 예의보다는 저출산으로 소멸하는 대한민국을 더 걱정해야 한다.

비혼 출산율을 살펴보면 유럽의 선진국들은 약 55%이지만 대한민국은 약 2.5%에 불과하다. 이것은 유럽에서는 성인이 되면 적극적인 남녀 교제를 통해 동거 가정을 이루지만 대한민국의 청년들은 자기 결정력 부족과 과거부터 내려온 가족주의 문화 등으로 30세가 넘어 결혼하기 때문이라고 생각한다.

대한민국은 인구가 줄어들고 있어서 세계 학자들은 세계에서 첫 번째로 없어지며 망해가는 국가라고 하며 손가락질하고 있다.

어쩌다가 이렇게 되었을까?

그 이유는 성인이 된 청년들이 동거 가정을 이루거나 결혼하여야 하지만 정신적으로나 경제적으로 사전에 준비되어 있지 않은 관계로 계속 미루고 있기 때문이라고 보아야 한다.

결혼을 20대 중반까지는 하고 아이들을 2~3명을 낳아야 할 것이나 자기 결정 능력의 부재로 결혼을 계속 미루다가 30대 중반이 넘으면 결혼을 포기하는 사람이 많아지는 것이다.

예를 들어) 어떤 사람이 자신이 없는 일을 계속 미루다가 마지막 날에는 비가 오거나 일하는 환경의 변화로 일 자체를 포기하는 사람이 있다고 과정을 하고, 부지런한 사람은 잘하지 못하는 일이라도 무조건 먼저 도전하여 열심히 일하고 비가 오면 평안이 쉬는 사람과 비교하면, 부지런한 사람은 무슨 일이라도 긍정적으로 도전하고 일하게 되므로 성공할 확률이 높은 사람이라고 할 수 있다.

그래서 필자는 저출산을 해결하고자 먼저 20대 초~중반부터 동거 가정으로 무조건 시작하여 성공하는 동거 가정을 말하고자 한다.

동거 가정은 결혼이라는 복잡한 문제를 뒤로하고 남녀가 서로 미래 가정을 이루려는 약속으로 가정을 이루는 좋은 방법이라고 할 수 있다.

그러나 부작용도 있을 것이나 사전 교육으로 해결해야 할 것이다.

동거 가정은 우리나라보다 먼저 선진국들이 선택하여 저출산을 해결하는 일에 큰 효과를 보고 있으며 저출산 문제를 해결하는 정책에도 큰 도움이 되고 있기 때문이다.

동거 가정의 결혼식은 살다가도 여유가 생기면 올릴 수 있으므로 먼저 혼인신고만 하고 시작할 수가 있으며 초기 비용 또한 국가에서 지원하면 동거 가정을 일찍 이룰 수가 있어서 20대 초반부터 자유로운 가운데 남녀가 만나 스스로 동거 가정으로 시작할 수가 있기 때문이다.

문제는 동거하기 전에 교육을 잘하여 동거로 육체적인 재미만 누리기 위한 불미스러운 일을 하라고 도와주는 것이 아니다.

동거가 가정을 만들어 주어 제도적인 지원으로 일찍 가정을 이루므로 출산율을 높이고 가정경제를 빨리 성장시켜서 미래의 삶을 안정시키는 것이 저자의 기본적인 생각이다.

또한 30대에 복잡한 결혼문화를 거치는 것보다 20대 초반부터 간단한 동거로 시작으로 혼인신고를 하며 시작하는 가정은 약 2.5배의 아이 출산을 높이는 효과가 있다.

그 이유를 구체적으로 살펴보자

1) 20대 초~중반에 일찍 동거로 시작하는 가정은 남녀 신체가 최고 시기인 정욕이 최고로 왕성할 때이므로 아이를 2~3명을 낳기 때문에 현재보다 2배 이상 출산 효과

가 있고, 30대 결혼을 20대로 앞당기면 약 30% 결혼율을 높이고, 결혼하지 않고 있는 청년들 37~47%가 결혼에 동참하게 되어서 출산율이 현재보다 약 2.5배 이상 높이는 획기적인 방법이라고 말하고 싶다.

2) 동거 가정은 부모가 20대 초~중반에 가장 건강할 때 아이를 출산하고, 건강할 때 자녀를 양육하고, 건강할 때 가정경제를 일으키므로 노후에는 일찍 자녀를 결혼시키고 평안한 삶을 취할 수가 있어서 적극적으로 권장해야 할 최고의 결혼 시기며 인생의 큰 전환점이다.

3) 우리나라 청년들은 20대 가장 건강할 때 불필요한 공부를 하거나 직업의 불확실성으로 허송세월로 사는 사람이 여러 가지 이유로 많이 있다.

우리는 이제 우리의 과거 속에 의식을 버리고 선진국을 배워야 한다.

우리나라가 많은 수출을 하여 경제발전을 했다면 문화와 국민 의식도 같이 수출하고 좋은 문화를 받아들여 세계와 함께 변하고 발전해야 하였지만 우리 대한민국은 기형적인 발전으로 위기를 맞고 있다.

이제 인구가 급격하게 줄어들고 있는 이 시점에서 가능한 과거로부터 전해온 잘못된 문화를 버리고 변화를 가져와 선진국형 문화로 빨리 바꾸어 적응해야 한다.

4) 무엇보다도 필자는 청년들이 20대에 일찍 동거나 결혼하여 아이를 2~3명을 낳도록 유도하는 모든 정책을 발표하고 홍보하면서 교육과 정치권이 가장 우선적으로 실천해야 한다.

사람의 신체는 앞서서 말한 것과 같이 20대 초반부터 25세에 세포조직이 가장 활발하여 이 시기에 아이를 낳으면 건강하고 영리한 아이를 출산하게 되고 부모 또한 건강한 때 출산하고 건강하게 살아갈 수 있다.

그러므로 20대 초반부터 결혼하여 2~3명을 낳도록 적극적으로 유도하면 결혼이 빨라지는 것만큼 인구 증가율도 약 2.5배 이상 많아지게 되므로 인구 정책에 획기적으로 가장 많은 도움이 되는 구조이다.

이러한 효과를 거두려면 국가가 과감한 정책을 펴야 한다.

가장 먼저 우선되어야 하는 것은, 남녀 청년들이 만나 동거 가정을 이루거나 결혼해야 아이도 태어나므로 국가에서 직접 결혼상담소를 운영하여 결혼을 위한 교육과 짝을 맺어주는 일부터 해야 한다.

1) 동거와 결혼을 똑같은 조건으로 보고 20대에 동거 가정을 이루거나 결혼하도록 적극적으로 권장하는 교육을 하고 과감한 동거 비용과 월세나 전세보증금 등을 지원해야 한다.

2) 그리고 아이가 임신하면 산모를 보호하기 위한 산모 수당을 지원하고 전, 월세 보증금을 지원하였던 지원금의 이자 등을 면제한다.

3) 또 아이를 낳으면 가족 수당을 매월 지원하여 아이를 양육비를 지원하고 부모에게도 아이를 낳는 수당을 준다.

4) 아이를 2명을 낳은 가정에는 주택자금으로 장기 저리 금리로 주택자금을 지원하여 평안이 자녀를 양육하도록 지원하고 3명 이상을 낳는 가정에는 주택자금을 무상으로 주는 제도가 필요하다고 본다.

5) 아이가 태어나면 12개월까지는 특별지원하여 육아 휴가를 지원하거나 아침, 저녁 출퇴근 시간을 조정하여 1~2시간 조기 출근하고, 조기 퇴근하게 하거나, 출근을

늦게 하고, 퇴근을 빠르게 하여 아이 돌봄을 원활하게 할 수 있도록 지원하여 직장생활과 아이 양육도 동시에 하면서 걱정 없이 아이를 키우도록 지원한다.

6) 아이가 1살 때부터는 아침부터 저녁까지 유아원, 유치원, 학교 돌봄교실 등에서 돌보아 주는 것을 국가에서 책임진다.

7) 초등학교부터 고등학교까지는 무상으로 교육하고 우수한 학생들은 대학 등록금을 지원하고, 학업성취도가 낮은 학생들은 고등학교에서 직업교육을 받고 고등학교를 졸업 후 취업하였을 때 추가로 4년간 기술교육 수당을 지원하여 직장에서 일하면서 직업의 전문지식을 추가로 쌓도록 하여 직업을 성공시키도록 도와주어 불필요하게 남들이 대학 가니까 나도 간다는 식의 진학을 하지 않도록 유도하여 경제적인 인력을 충원하도록 한다.

8) 일찍 동거나 결혼하고 국가공무원을 지원할 경우는 우대하고 공무원의 비율은 남녀 성 비율이 서로 60:40을 넘지 않게 하여 남녀 평등하게 고용하고 결혼성사가 높게 하여 가정의 경제적인 측면에서도 균형이 잡힌

가정이 되게 하므로 좋을 것이다.

9) 아이를 낳은 부모에게는 낳은 자녀 수에 따라서 소득세를 차등적으로 감면하고 추가로 20대에 아이를 낳으면 추가적인 보너스를 지급하여 결혼 연령을 점점 낮출 필요가 있다.

이제는 알았다면 탁상공론만 할 것이 아니라, 과감한 제도를 시스템화하여 실천하여야 한다.

이 글을 읽고 실천하지 않는 사람은 대한민국이 망하는 것을 보고만 있는 게으르고 악한 사람이다.

우리 모두 솔선수범하여 실천하므로 저출산 문제를 해결하여 건강한 대한민국의 미래를 향해 전진하기를 간절히 원한다.

나) 인구감소의 장애물을 없애고 새롭게 나가자.

사람 마음의 형성이 잘 이루어지려면 무엇을 보고 듣고 어떻게 느끼냐에 따라서 좋은 마음과 나쁜 마음이 형성되며 다시 마음에서 생각이 시작되어 행동으로 이어지게 되므로 우리 삶에 영향이 미치는 것이다.

이것은 무엇을 보고 듣고 느끼며 살아가느냐에 따라서 그 사람의 미래 방향이 결정되기도 하고 자기만의 이론을 만들어 가기도 하므로 가능한 좋은 것을 보고 듣고 올바른 방향을 생각하며 살아야 한다.

우리 국민은 대중 매체에서 방영하는 많은 TV 프로그램과 인터넷, 모바일, 지면, 유튜브 등을 눈으로 보고 귀로 듣고 마음의 느낌에 따라서 자신도 모르게 따라 하며 나도 저렇게 살면 된다는 의식에 빠지게 된다.

현재 방영하고 있는 TV 등 대중 매체에는 40세가 넘어도 결혼하지 않고 아이도 낳지 않으며 아무 감각 없이 즐겁게 혼자 살고 있는 사람들이 너무나 많이 출연하고 있어서 결혼을 앞둔 청년들의 생각을 흐트러지게 하고 결혼을 포기하도록 유도하고 있다.

이것은 결혼을 앞둔 청년들에게 큰 영향을 미치고 있는 것이 사실이다. 저출산의 절벽 앞에서 공영방송이라고 자청하면서 이런 방송을 무감각하게 방영하고 있는 것은 나라가 망해도 좋다는 것이며 이것을 보고 듣고 당연한 것으로 생각하는 청년들이 무의식 속에 빠지고 있는 것 같다.

공영방송이라 자청한다면 하루빨리 프로그램을 바꾸어 청소년들이나 청년들이 좋은 것을 보고 느끼며 미래 방향을 올바르게 설정하고 계획하며 책임지는 삶을 살아가도록 공의로운 방송을 해야 한다.

사람의 마음은 생각으로 바뀌어 행동하게 하므로 삶을 살아가게 된다.

그러므로 무엇을 보고 느끼고 생각하느냐에 따라 삶이 결정되는 것이다.

"나 혼자 산다"는 프로는 마치 결혼하여 사는 사람이 이상할 정도로 보이게 하고 있고, "개는 훌륭하다"는 프로는 아이를 낳지 않아도 개를 돌보며 살아도 되는 것처럼 착각하게 하는 것 같다.

가능하다면 혼자 사는 모습보다 가족과 함께 살고 있는 모습을 방영하였으면 더 좋은 것이며 결혼하여 아이를 돌보며 아이가 강아지와 함께 즐겁게 놀고 있는 모습은 방영하면 교육적으로나 가정에 더 아름다운 가정으로 보이게 될 것이다.

노래 중에 "연애는 자유 결혼은 선택"이라는 노래의 가사가 유행하며 마치 연애는 마음 가는 대로 무질서하게 하면서 결혼은 하지 않아도 된다는 것을 아주 당연한 것처럼 노래하고 있다.

그러나 "연애는 자유 결혼은 필수"라고 노래하였으면 좋겠다.

또 인터넷, 모바일, 지면, 유튜브 등을 보면 진실보다는 청취자들이 원하는 왜곡된 내용들을 보도하거나 방영하고 있는 것은 대한민국 미래를 어둡게 하고 있어서 정화 시스템을 가동해야 할 것이다.

TV와 인터넷, 모바일, 지면, 유튜브 등에서는 가능한 국민이 보았을 때 삶의 표준적이고 모범적인 삶의 모델을 제공해 주어서 국민이 보고 듣고 느끼면서 자연스럽게 올바르게 교육이 되며 공의롭게 살도록 유도해야 한다고 생각한다.

특히 저출산 시대에 청소년들이 성인이 되어 살아가는 삶에 도움이 되는 프로가 많이 방영되었으면 좋겠다는 생각이 든다.

그러므로 30세가 넘어서 홀로 방송에 출연하는 것과 저출산에 방해되는 프로그램은 저출산 문제가 해결될 때까지 프로그램을 변경하거나 당분간 자제하는 것이 청년들의 미래와 국가의 미래와 공익에 도움이 될 것으로 생각한다.

저자는 아이들을 너무나 좋아한다.

집에서 가까운 기흥 호숫가 둘레길을 걸어가면 수많은

사람이 산책하려고 나와서 즐겁게 대화하며 호수 길을 걷는 모습을 볼 수 있다.

그중에 유모차를 밀면서 가는 사람들을 보면 나는 아이에게 손을 흔들어 주고 반갑게 인사를 하고 싶어서 유모차에 가까이 가서 유모차 안을 들여다보면 아이가 아닌 강아지를 태우고 가는 것을 볼 수가 있다.

또 다른 사람은 강아지를 가슴에 안고 산책하는 것을 볼 수 있다.

나는 이러한 모습을 볼 때마다 우리나라 저출산을 생각하며 내 마음이 쓰려오는 것을 가슴에 느끼며 길을 걷는다.

유모차 안에는 예쁜 아이가 타고 있고 유모차 옆에 강아지가 함께 걸어가고 있으면 참 좋겠다고 생각한다.

또 가슴에 강아지보다는 아이를 안고 가는 모습이 더 좋을 텐데 하며 아쉬워하면서 우울한 생각으로 호수 길을 걷는다.

강아지 키우는 비용과 정성으로 아이를 낳아 돌본다면 국가에는 큰 자산을 남기는 애국하는 길이요, 소중한 미래 유산이요, 미래 사회의 동력이요, 대한민국이 영원한 길인 것을 왜 생각하지 못하고 살까?

아이가 자라서 나와 온 가족에게 큰 기쁨을 주며 이 나라를 안전하게 책임지고 노년에 나와 함께 하면서 행복한 삶을 누릴 수가 있는데 왜 우리는 자녀를 낳아 키우는 것을 망각하고 국가를 외면하며 살고 있는지 심각하게 생각해 보아야 한다.

우리는 끝없이 돌보아 주어야만 하는 동물을 아이보다 더 좋아해야 할까? 나만을 생각하면 순간적인 위로와 강아지를 좋아하는 마음은 이해할 수 있으며 주는 대로 먹고 사람을 힘들게 하지 않는 것도 이해할 수 있다.

그러나 인간은 나도 행복하게 살아야 하지만 세상을 경영하고 잘되게 하면서 세상을 책임지는 의무를 지니고 살아야 하며 우리의 자녀들이 살아가야 할 미래의 대한민국을 위해 좋은 유산을 남겨야 하는 것이다.

우리가 사는 사회는 모든 사람이 서로를 도우며 사랑하며 살아야 하는 공의로운 사회로 함께 복 받는 사회가 되어야 한다.

왜 나만 생각하고 다른 사람은 나를 위해 희생해도 좋다고 생각하며 개인주의로만 살려고 하며 나 외에는 모두 배척하려고 할까?

특히 청년들의 생각을 방송에서 듣고 필자는 충격에 빠졌다.

프로그램진행자가 한 청년에게 왜 결혼하지 않으려고 하며 아이를 낳지 않으려고 생각할까요? 라고 질문을 하였다.

그러나 청년의 대답은 "결혼하면 내가 다른 사람을 책임져야 하며 아이를 낳으면 아이가 내 삶의 행복과 권리를 침해하기 때문이다"라는 대답하였기 때문이다.

왜 우리 청년들은 때와 시기에 맞추어 결혼하고 당연히 아이를 낳아 키워야 하고 자녀를 통하여 행복을 찾아야 옳은 삶인 것을 모르고 있을까?

이 청년은 왜 이런 말을 해야 했을까?

우리 사회는 무엇이 문제일까?

우리는 깊이 생각하고 고민하며 하루빨리 변화하여 올바른 길을 찾아 힘차게 뛰어야 한다.

이런 청년의 생각은 부모가 나를 낳아 길러준 것을 잊고 있는 것 같고 부모 없이 스스로 태어나는 것 같다는 생각이 든다.

내가 이 사회에 대하여 책임을 다하고 살아가는 기본적인 자세에서 많이 벗어난 것 같아 이런 청년들에게는 바른 생각을 하도록 무엇인가 변화를 위한 강한 충격의 메시지가 필요한 것 같다.

❖ 이런 청년들에게는 아이를 낳아 잘 키우는 가정을 위해 결혼을 하지 않고 자신만을 위해 이기적인 삶을 살고 있어서 가족 세금을 신설하여 이 세금이 어려운 환경에서도 아이들을 양육하여 국가와 가정에 도움을 주며 열심

히 살아가는 부모들에게 용기를 주었으면 좋겠다고
생각한다.

❖ 지금 저출산을 해결하는 인구 정책에 사용되는 세금은
천문학적인 금액을 투입하고 있지만 큰 효과는 거두지
못하고 있고 앞으로 더 많은 세금을 투입해야 한다.

❖ 그렇다면 한시적으로 정상적인 사람이 30세가 넘어도
결혼하지 않고 산다면 그 사람의 소득 일부분에서 다
른 사람이 아이를 낳아 키우는데 협력하는 차원에서
상징적인 가족 세금을 신설하는 것이 필요하다고 생각
한다.

이렇게 하면 20대에 결혼을 서두르는 청년들과 결혼하려
는 청년들이 더 많아질 것이다.
단 꼭 결혼하지 못하는 이유가 있는 청년들은 예외이다.
대한민국은 국가의 그 어떤 정책보다도 인구 정책에 최우
선을 두고 세금을 사용하여 저출산 문제를 해결해야 한다고
생각한다.

❖ 지금까지는 아이를 낳고 양육하는데 많은 세금을 사용

했다면 지금부터는 동거 가정이나 결혼하도록 유도하여 아이를 낳도록 하는 것에 집중하여야 할 것이다.

옛 우리 말에 "님도 보고 뽕을 딴다"는 말이 있다. 이 말은 연인을 만나야 사랑도 나누고 더 나아가 아이도 낳을 수 있다고 말하고 싶다.

인구 증가 없이 국가가 소멸하는 상태에서 그 어떤 경제정책도 모두 무용지물이며 따라서 저출산 정책보다 우선할 수 있는 정책은 없으므로 저출산 정책부터 지금 즉시 실행에 옮겨야 한다.

그러므로 모든 수단과 방법을 다 동원하여 저출산을 막으려면 당장 대책을 마련하고 실천에 들어가야 한다.

❖ 시간을 놓치면 대한민국은 회복할 수 없게 된다는 사실을 정치권이나 교육부와 가정 등 이에 관계되는 모든 분은 즉시 실천해야 한다.

다) 저출산이 해결될 때까지 이민자를 적극적으로 받아라.

대한민국은 이미 출산율이 회복하기 어려운 수준으로 떨어져 가고 있는 것이 사실이다.

그렇다면 이것을 어떻게 해야 회복할 수가 있을까?

청년들의 생각은 이미 어른들의 생각과 차이가 있고 사회에 대한 불안감이 커져 있어서 당장 결혼을 앞둔 청년들을 설득하기에는 큰 어려움이 있다고 생각한다.

그렇지만 대한민국의 장래를 위해서 자라나는 청소년들에게는 성인이 되었을 때 살아가는 미래에 대한 교육을 철저히 하여 생각의 변화를 가져와야 미래 대한민국이 올바로 성장하게 될 것이다.

그러나 이런 교육의 결과는 천천히 나타날 수가 있으므로 우선 시급한 저출산을 해결하기 위해 이민정책을 임시 처방으로 사용하여야 한다.

현재 우리나라에서 일하고 있는 외국 노동자들이나 우리나라에 이민을 원하는 청년들에게 언어를 따지지 말고 일단 받아들이며 언어를 교육하고 가정을 가지게 되면 우리 국민과 똑같은 지원을 해야 한다.

더 나아가 난민을 신청하는 사람들에게 적극적으로 대한

민국에서 살아갈 수 있도록 유도하고 정착지원을 해야 한다.

과감한 이민정책과 난민정책으로 출산 인구를 늘리며 청년들의 생각에 변화를 주며 우리 사회 전체 변화를 획기적으로 가져와야 저출산 문제가 해결될 것이다.

저자가 생각하기는 저출산이 해결될 때까지는 이민자를 매년 10~20만 명 이상을 받아들여 인구가 줄어드는 지방별로 배정하고 빈집을 수리하는 비용을 지원하여 정착할 수 있도록 하면 농촌의 부족한 인력을 보충하며 학교가 줄어드는 것을 막을 수 있다.

또한 기술력이 있는 난민과 이민자를 지방 공단 주변에 임대주택을 건설하여 배정하고 기술교육을 하여 경제발전에 이바지하도록 한다.

이렇게 하면 지방의 공동화를 막고 폐교를 막으며 지방경제를 살리며 저출산도 해결하는 1석 3~4조의 효과를 거두게 될 것이다.

스웨덴은 인구감소를 막기 위하여 전쟁으로 발생한 난민들에게 언어 문제를 거론하지 않고 무조건 16만 명을 받아들여서 급격한 인구감소를 막아냈다고 한다.

이같이 유럽이나 선진국의 이민정책을 신속하게 검토하여 먼저 인구감소를 경험한 나라들이 어떻게 극복하고 해결해 가는지 습득하고 적용하여 과감한 정책으로 대한민국의 미래를 내다보고 나아가야 한다.

먼저 남, 여 모두를 불문하고 외국인과도 결혼을 차별 없이 독려하고 지원을 아끼지 않아야 한다.

또 외국인들이 많거나 모이는 곳에 한글학교를 세워서 낮에는 일하고 밤에는 한글을 배우도록 하고 외국인들이 많이 근무하는 직장까지 한글학교를 확대하여 교사를 보내주는 등 적극적인 정책을 실천해야 한다.

대한민국은 경제적인 발전을 이루어 선진국 대열에 합류하게 되었지만, 선진국과의 문화차이는 한 세대인 약 30년 이상 차이가 나므로 단번에 극복할 수가 없어서 이것은 수십 년을 통해 서서히 바뀌기 때문이다.

인구절벽의 문제를 시급히 해결하려면

1) 먼저 이민정책으로 급격한 인구감소를 우선 해결하고

2) 다음에는 국가에서 결혼상담소를 직접 운영하여 결혼 전 교육과 맞선을 주도하고 청년들이 20대에 간단한 절차로 동거 가정을 이루는 것에 대한 지원을 과감하게 하여 결혼 연령을 획기적으로 낮추도록 하고

3) 다음 문제는 청소년들에게 미래 삶인 성인이 되었을 때 자신과 가정을 책임지고 살아가야 할 직업교육을 철저히 하여 경제적으로 자립을 도와 청년들이 20대 초~중반에 결혼하도록 유도하고

4) 과거부터 전해온 가족주의 문화에서 벗어나 청년들이 스스로 진실하고 의로운 진리의 삶을 자기 판단으로 자유롭게 하여 동거 가정이나 결혼하고 살아가도록 대 국민적인 캠페인을 하고

5) 청소년들이 성인이 되었을 때 스스로 나와 가정과 이 사회와 나라를 소중하게 여기며 의무적으로 책임지고 살아가도록 하는 교육을 시급히 도입해야 하며 반복 교육을 계속하여야 한다.

6) 오늘날에는 국경이 없다. 누구든 이 땅에서 대한민국 법을 지키며 함께 살아가면 이웃이 되고 대한민국 백성이 되는 것이다.

그러므로 대한민국이 세계 속에 중심이 되어 세계를 리더 하는 국가로 발전하도록 저출산 해결에 꼭 성공해야 할 것이다.

위기를 느꼈다면 당장 제도를 정비하고 지금 즉시 시행하는 것만이 가장 빠른 길인 것이다.

라) 노후에는 여유로운 경제생활과 평안이 최고다.

사람들은 돈이 많아야 행복하다고 생각한다.

그러나 그것은 가난한 사람들의 생각과 기준이다.

돈이 많이 있는 사람들을 살펴보면 돈에 대한 관리, 돈으로 인한 헛된 생각으로 도박과 향락과 같은 잘못된 문화, 무질서한 삶, 돈으로 인한 분쟁, 각종 잘못된 투자 문제, 가족 간의 갈등으로 인한 고통 등 또 다른 문제들이 산재하고 있어서 사람의 행복은 꼭 물질의 많음에 있지 않은 것을 알 수가 있다.

사람의 참 행복은 먼저 의롭고 진실한 삶 가운데 나타나는 공의로운 삶 속에서 감사와 평안과 기쁨을 얻는 삶이야말로 참으로 행복하게 사는 길이라고 말할 수 있다.

돈이란 너무 없으면 조금 불편함이 있다.

그러므로 젊어서부터 미래 직업을 잘 준비하며 경제적으로 안정된 삶을 이루는 사람은 그 직업으로 인하여 여유로운 삶을 누리게 되므로 그 직업은 자신의 금고와 보물과 솟아나는 우물과 같을 것이다.

그러므로 직업의 안정을 갖기 위해서는 학생 때부터 직업을 위해 노력하여야 하며 성인이 되면 내가 정한 직업을 계속 발전시켜 숙련된 사람이 되었을 때 성공한 삶을 살아갈 수가 있는 것이다.

사람마다 돈을 벌기 위해서는 남다른 노력과 시간이 소요되며 돈을 벌려고 하는 과정과 사용하는 곳에도 분쟁 속에서 살기 쉽고 돈을 잘 관리하는 것은 물론이며 올바르게 사용하는 것 또한 쉽지 않다.

경제적인 안정을 찾으려면 학교 다닐 때부터 자기 직업에 대한 노력을 철저히 하여 성인이 되면 안정된 직업을 바탕으로 일찍 결혼하여 자기 뜻을 이루어 성공한 인생을 살게 되는 것이다.

또한 자녀를 20대 초~중반에 일찍 결혼시키고 60세 이전부터 여유로운 삶을 살아가는 사람들을 보자.

건강을 위해 계획적인 삶을 살면서, 여행도 다니고, 자기가 하고 싶은 취미생활을 하고, 친구들과 함께하며 남은 인생을 여유롭고 평안을 찾으며 즐겁게 살아가는 사람들은 인생 전체를 계획적으로 실천하면서 성공한 삶을 살아가는 사람들이다.

청년들이 결혼을 미루고 아이도 낳기 싫어하며 자신의 주장으로 평안한 삶을 젊어서부터 찾겠다는 청년들이 많이 있는 것 같으나 인생 전체를 보면 놀면서 부유하게 살겠다는 앞뒤가 맞지 않는 어리석은 삶이다.

옛 노래에 이런 노래가 있다. "노세노세 젊어서 노세 늙어지면 못노나니" "얼시구 절시구 차차차" 일단 놀고 보자는 식의 삶에서 우리 인생은 놀며 살아가기에는 너무나 긴 여행인 것을 깨닫지 못하고 살아가다가 노숙자 같은 삶을 살게 되는 것은 시간문제다.

성경에는 "일하기 싫어하는 자는 먹지도 말라"고 하였으며 개으른 것은 죄라고 한 진리 말씀이 생각난다.

그렇다 우리 인생은 2박 3일을 사는 것이 아니며 100년을 살아가므로 철저한 계획과 실천으로 행복한 미래의 삶을 만들어 성공시켜야 행복한 삶을 살 수가 있다.

그러나 나만 생각하는 이기적인 삶은 우물 안 개구리와 같아 판단력이 흐려져서 다른 사람의 말에 휩싸이기 쉽고 나중에 나이가 많이 들었을 때 한 번의 실수로 큰 후회를 할 수 있다는 사실을 망각하고 사는 것 같아서 안타까울 뿐이다.

모든 사람이 지키고 결혼하여 가정을 이루는 인생의 때와 시기를 놓치고 인생 전체의 삶의 흐름을 외면하는 것은 나이가 들수록 후회하게 된다.

또 늙어서 자녀가 없고 인척들과 떨어져 살며 친구들과도 관계가 좋지 못한 사람들이 나이가 들면 신체활동이 줄어들어 빨리 늙어가며 고독한 삶을 살다가 홀로 외로이 고독사하는 것을 얼마든지 볼 수가 있다.

청년들의 생각은 젊어서부터 직업을 빨리 가지고 일찍 결혼하여 아이를 낳으면 놀기 좋은 젊은 나이에 고생하게 되므로 힘들다고 생각하여 먼저 즐기며 살자는 생각이 앞설 수가 있다.

그러나 성인이 되어 인생의 황금기에 몇 년을 잘 참으며 직업에 잘 적응하고 결혼하여 아이들을 낳아 잘 키우고 자신을 인내하고 연단하며 살아가는 사람들은 남은 인생의 70~80년을 안정적으로 살게 될 것이며 자녀를 일찍 결혼시키고 60세 이후부터는 있는 돈이나 연금을 받아 노후를 여유롭고 행복하게 사는 성공한 인생을 볼 수가 있다.

노후의 삶은 젊어서 미리 준비하여야 한다.

노년의 삶을 위해 젊어서 대비하고 준비하여 황혼기에는 여유롭고 평안한 기쁨의 삶을 살아야 참 행복한 인생이며 성공한 삶이라고 할 수 있는 것이다.

우리의 인생은 병이 들거나 불의의 사고가 아니라면 100년을 바라보고 살므로 철저한 준비로 인생 전체의 행복한 삶을 설계하여 실천함으로 성공한 삶을 살아야 한다.

인생의 참 행복이란?

내 인생 전체의 행복을 생각하며 개미와 같이 열심히 일하여 나이가 많아질수록 더 안정되고 여유로운 삶을 살아가는 것이 진정한 행복의 길이라고 할 수 있을 것이다.

조상님들의 말씀처럼 "젊어서 고생은 사서도 한다"는 말씀처럼 젊어서 일찍 결혼하여 힘들게 자녀를 키웠지만 나이가 많아지면서 고생한 보람을 느끼고 황혼기에는 자녀들이 나를 도와주며 자녀를 일찍 결혼시키고 손주들이 커가는 모습을 보며 내 인생의 성공함을 바라보며 행복하게 노후를 즐겁게 살아야 한다.

그러므로 진정한 행복은 나이가 들어갈수록 안정되어야 하고 황혼기에 더 행복을 찾는 것이 인생 설계를 가장 잘하는 좋은 방법이다.

05

가정은
인생 전체를
완성하는 것이다.

05

가정은 인생 전체를
완성하는 것이다.

식물은 봄에 새싹이 돋아나는 것을 시작으로 잎이 나고 줄기가 자라며 꽃이 피고 여름이 되면 따뜻한 기운으로 자라서 가을에는 풍성한 열매를 맺는 것을 볼 수가 있다.

또한 새들과 동물들은 먹이가 풍부한 봄부터 알을 낳아 품고 땅에 새끼를 낳아 기르며 자기 생명을 번식하는 것을 볼 수 있다.

사람도 태양의 시계에 맞추어 때에 따라 식사하고 일하면서 밤이면 잠을 자고 다시 하루를 시작하는 것 같이 봄, 여름, 가을, 겨울 계절에 따라 식물과 동물을 키우며 다스리면서 공의로운 삶으로 자신의 성공한 인생을 위해 열심히 일하며 살아가는 것이다.

사람은 육체적으로 먹고 마시는 삶에서 한발 더 나아가 학생 때는 공부하고 성인이 되면 직업을 가지며 경제적으로 독립하여 부모의 보호에서 벗어나 자신의 배우자를 만나 가정을 이루며 스스로 독립하여 일평생을 완성하는 성공의 삶을 살아가게 된다.

그런데 우리나라 청년들은 이상하게도 때와 시기가 지나도 결혼을 미루거나 하지 않고 아이를 낳지 않거나 한 명만 나으려는 생각이 보편화되어서 인구가 줄어 가는 이상한 현상이 벌어지고 있는 것이 대한민국의 현실이다.

왜 인생 삶에 기본적인 계획과 질서도 잘 모르는 청년들이 많이 있을까?

그 이유를 살펴보면 경제적으로 어렵다. 아이를 키우기 힘들다. 아이 때문에 내 삶의 권리가 침해당한다. 등의 여러 가지 이유를 대며 결혼하지 않거나 아이를 잘 낳지 않는다.

왜 이러한 생각이 청년들 생각을 지배하고 있을까?

우리 부모 세대나 일찍이 선진국이 된 나라 청년들은 현재의 어려움과 상관 없이 본인이 감당하고 살아야 하는 삶은 스스로 극복하고 이겨 내면서 시기에 맞추어 결혼하여 아이를 낳고 살아가는 삶의 의무를 다하고 있는 것이 사실이다.

청소년이 성인이 되면 내가 참고 견디며 소망으로 살아가야 마땅한 것이나 한마디로 직업이나 결혼 후 살아가는 미래 삶에 대한 준비가 되지 않았다고 보아야 할 것 같다.

이 세상을 살아가는 모든 일들이 어려움이 없이 살아가는 길이 있으면 참 좋겠으나 그 길은 결실도 없는 쭉정이와 같은 삶이며 어려운 삶을 참고 이기며 고난의 삶을 인내하며 연단하는 삶은 소망으로 좋은 결실을 얻을 수 있다는 것을 알고 최선을 다해야 한다.

이것은 내가 살아가는 환경이나 조건은 뒤로하고 나 자신과 부모님과 내가 주민등록을 하고 살아가는 국가에 대한 책임을 다하는 성인으로서 삶의 의무다.

결혼은 100세 시대를 살아가는 과정에서 식물이 계절의 때에 따라 꽃이 피고 열매를 맺는 것처럼 20대 봄날 같은 좋은 시기에 결혼하여 인생의 완성된 가정을 이루고 아이를 낳는 결실의 과정은 아주 중요하고도 소중한 인생의 절차임을 알아야 한다.

저자의 자녀들은 두 자녀가 있었는데 모두 20대에 결혼하여 5남매를 낳았는데 손주들이 건강하고 부모의 말도 잘 듣고 열심히 공부하는 것을 보고 행복한 삶을 살아가고 있다.

결과적으로 20대 적당한 시기에 자녀들이 결혼한 것이 너무나 잘했다고 생각하며 다른 사람들보다 먼저 손주들이 건강하게 잘 자라고 있어서 항상 자랑거리가 되고 있다.

많은 청년이 결혼하지 못하는 이유는 처음에는 결혼 상대자를 찾아 만나지만 자신의 주장을 너무 앞세워 이성과 대화하고 자신의 기준에 맞추어 상대를 평가하므로 자신에게 맞는 상대를 찾기 힘든 것이 원인이다.

또 한 가지는 자녀가 이성을 만난 후에 부모에게 이야기하면 부모가 다시 상대방을 평가하고 더 좋은 조건의 사람을 찾는 과한 검증과 상대방의 집안을 비교하고 더불어 과거부터 전해진 사주팔자나 궁합 등 여러 가지 구태의연한 관습에 사로잡혀 자녀에게 맞는 사람을 찾기 힘들게 하며 세월을 보내므로 자녀 나이가 들어 가면서 결혼을 포기하게 되는 경우가 많아진다.

또 젊은 청년들이 결혼했더라도 여러 가지 이유로 아이들을 낳아 기르는 것에 대한 두려움과 경제적인 어려움으로 고민하는 것을 볼 수가 있으나 그런 것들은 정신력이 약해 있는 것으로 지나친 생각이다.

아이는 좋은 환경이나 부족한 환경에 상관 없이 부모가 정성껏 먹을 것을 주고 부모의 사랑만 있으면 아이가 스스로 성장하는 것이지 부모가 억지로 키운다는 생각은 할 필요가 없다.

또 하나를 낳아 과잉보호하며 키우는 것보다 2~3명의 아이가 서로 의지하고 협력하여 살게 하는 것이, 아이들의 미래에 살아가는 사회성을 기르게 되고 공의로운 삶에 많은 도움이 된다.

아이는 부모의 소유물이 아니라 사회의 독립적인 인간으로서 대한민국 국민으로 존재하기 위해 태어났다는 사실이다.

아이는 내가 낳았다고 하지만 이 사회의 일원으로서 부모의 역할은 아이가 자라가는 것을 바라보며 도움 주는 것으로 만족하고 단지 정직하고 의롭게 자라며 스스로 자신을 책임지고 자라게 하면 성인이 되어 이 사회의 일원으로 건강하게 살아가게 된다.

예를 들어) 원룸에서 부모와 아이가 같이 잠자며 복잡한 환경에서 자랄지라도 10살 이전에 있었던 대부분의 기억은 성인이 되면 약간의 기억만 남기 때문에 아이들의 미래 삶에는 큰 영향을 미치지 않는다.

오히려 원룸에서 고생하며 아이들과 함께 살면서 돌보아주었던 소중한 추억을 사진으로 남게 되어 아이들이 성인이 된 후에는 부모가 고생하며 자신을 키운 고마움에 평생 나를 위로하고 부모님께 효도하며 함께 살아가게 될 것이다.

또한 지금부터는 자녀들을 낳아서 양육하는데 부모가 모든 책임을 다하여 키우는 것이 아니라 상당한 부분을 국가에서 지원하여 키우고 교육하고 주택 지원하면서 가족 수당 등 많은 혜택을 주게 될 것이므로 경제적인 큰 부담을 덜게 될 것이다.

우리가 살아가는 것은 내가 즐기며 잘 살아가는 것도 중요하지만 일찍 결혼하여 아이를 낳아 나와 가족이 함께 살아가면서 안전한 자유 대한민국 보호 아래 더 큰 행복을 찾는 것이다.

더 나아가 내가 의지하고 나를 지켜주는 대한민국의 한 국민의 일원으로서 책임과 의무를 다하며 공의로운 삶을 살아가는 것이 내가 대한민국의 진정한 국민이 되는 것이다.

또 대한민국이 나를 보호하는 하나의 공동체를 이루어 완전한 한 공의로운 국가를 이룬다는 사실을 청년들은 명심하고 살아야 할 것이다.

성인이 된 청년들은 20대 가장 왕성한 신체를 유지하고 있을 때 결혼하여 아이를 낳아 건강한 신체를 아이에게 물려주고 미래를 향해 완성된 가정을 이루며 온 가족과 함께 인생 전반에 행복한 미래를 꿈꾸며 살아가야 할 것이다.

가) 아이는 20대에 모두 낳는 것이 가장 좋다.

우리나라 속담에 "일찍 일어나는 새가 벌레를 잡아먹는다"는 말이 있다.

이 말은 먹잇감인 벌레가 한정되어 있어서 늦게 일어나는 새는 먹잇감이 작거나 없을 수 있으므로 일찍 일어나 부지런히 서둘러야 먹이를 먹을 수 있다는 말이다.

인생은 태어날 때 시작하고 공부하기 위해 시작하고 성인의 인생으로 살기 위하여 결혼이라는 스타트라인에서 다시 시작하게 된다. 이 결혼이라는 스타트라인이 일생일대에 가장 중요한 시기이므로 꼭 지켜야 하며 실천해야 한다.

모든 생명이 살아가는 것에는 때와 시기가 있다.

공부해야 할 때 공부하고 성인이 되면 스스로 살아가기 위해 직업을 가져야 하며 경제적인 안정이 되면 가능하면 빨리 결혼하여 가정을 이루어야 완전한 미래의 삶을 안정되게 살아갈 수 있으므로 20대 초~중반에 결혼하여 인생 전체의 행복한 미래를 꿈꾸며 가정을 완성해야 한다.

그러나 이 시기를 놓치면 그만큼 행복한 삶의 혜택이나 기회가 점점 줄어들어 간다는 사실을 알아야 한다.

저자는 우리나라 미혼 청년들 불특정다수 약 100명에게 결혼해야 하는 나이가 몇 살이 맞느냐고 수시로 질문을 해보았다.

그러나 대답은 대부분 30세에서 35세 사이를 지목했다.

그 이유는 직업이 안정되지 못하거나, 결혼자금이 부족하다거나, 결혼 상대자를 구하지 못하였다거나, 학업을 계속하다가 늦어지는 등 그 이유도 가지가지다.

그러나 결혼은 내 생각과 삶의 환경에 따라 정하는 것이 아니라 우리 신체의 건강 상태가 시기를 말하고 있고 인생 전체 스케줄에 따라 늦지 않게 결혼하는 것이 가장 정확한 선택이라고 생각하고 결혼해야 나이가 들어도 후회하지 않는다.

앞서 말했듯이 결혼 나이는 남녀가 가장 건강했을 때가 20대 초~중반이므로 신체가 가장 왕성하게 성장하였을 때 이 시기에 맞추어 결혼하여 아이를 낳으면 가장 건강한 DNA를 자녀에게 물려줄 수가 있다.

부모 또한 건강할 때 출산하게 되므로 산후 후유증을 줄이며 산모 또한 건강할 때 아이를 키울 수가 있어서 20대 초~중반에 결혼하는 것이 가장 좋은 시기라고 보아야 한다.

그래서 대한민국 법에도 20세부터 부모 허락 없이 결혼할 수 있도록 법이 제정되어 있다.

결혼은 성인이 되어 직장을 다니기 시작하면 월급이 많거나 적은 것을 떠나서 현재 형편대로 일찍 배우자를 만나 결혼하여 아이를 낳아 키우면서 직업인 일의 능력을 쌓아가면 경제력도 점차 회복하게 되고 강한 절약적인 정신으로 살게 되어 미래 인생을 무너지지 않는 성공으로 살아가게 될 것이다.

그러나 풍족한 결혼생활로 출발한 가정은 은행 돈을 빌려 큰 집에서 절약을 모르고 돈을 사용하는 것에 재미를 느끼며 향락으로 살다가 갑자기 위기가 왔을 때 가정이 무너지기 쉬우므로 오히려 약간 부족하여 절약 정신으로 살아가는 삶이 넘치는 삶보다 낫다.

다시 말하면 부부가 경제적인 절약을 하고 가정을 이루며 본인이 정한 직업의 일을 열심히 하면 인생 전체 삶을 젊었을 때 배우며 완성하는 것이 습관이 되어 나이가 들수록 부부 서로가 성취감으로 서로를 위하며 축복하며 건강한 정신력으로 살아가게 되는 것이다.

이러한 삶은 젊어서 고생하여 행복을 하나씩 만들어 가는 삶이므로 나이가 들어갈수록 삶의 만족도는 높아질 것이다.

선진국 사례의 공통점은 대한민국의 법에도 있는 것처럼 20세가 되면 부모의 허락을 받지 않고 자유롭게 동거 가정을 이루거나 결혼할 수가 있다는 사실이다.

이것을 선진국의 가정과 청년들은 적극적으로 실천하고 있는 반면에 대한민국의 부모나 청년들은 개인주의, 가족주의와 과거 잘못된 문화에서 벗어나지 못하여 결혼을 미루거나 포기하면서 대한민국이 저출산의 위기에 빠지게 된 것이다.

결혼은 가정과 가정이 만나는 것이라며 상대방의 집안을 검증하고 궁합이나 사주를 보는 등 청년들이 자신의 선택을 자유롭게 하지 못하게 하는 과거 문화나 가족주의가 청년들의 미래를 방해하고 있다.

또한 청년들이 어려서부터 부모의 일방적인 보호 아래 자라오면서 자기중심의 생각으로 자라오다가 성인이 되어 남녀가 만나더라도 서로의 주장이 강해서 지속적인 만남이 이루지 못하고 해어지는 경우가 많다.

저자는 오히려 손 있는 날에 이사하고 자신 있게 살아왔으며 내 일을 타인에게 물어보거나 의지하는 일을 한 번도 없었어도 지금까지 성공한 인생을 살아왔다.

문제가 있으면 내가 한 일을 되돌아 보고 수정하여 최선을 다하였다.

세상에 나에게 꼭 맞는 일과 사람이 얼마나 있을까?

남녀가 서로 만남을 통해 두 사람 중 한 사람이라도 좋다고 생각하면 되돌아보고 맞아드릴 수 있는 마음이 준비되어야 결혼할 수가 있다.

이런 만남도 50%도 되지 않기 때문이다.

사람인의 글자는 작대기 두 개가 서로 기대어 의지하고 있는 것을 볼 수가 있다.

이것은 서로 섬김으로 도와주고 바쳐주고 의지하였을 때 완성된다는 뜻으로 내가 결혼 상대자의 부족함을 용서하고 채워주는 삶으로 가정이 완전해지는 것이다.

저자가 소개하여 맞선을 보았던 사람 중에 한 여자 청년이 거절한 남자는 다른 여성과 결혼하여 아이를 두 명을 낳고 행복하게 살고 있다.

그러나 거절한 여자는 까다롭게 남자를 계속 고르다가 40대 중반이 되어도 아직 결혼하지 못하고 홀로 살고 있다.

동거 가정을 이루거나 결혼을 전제로 스스로 만나거나 소개로 만났을 때도 상대방이 큰 단점이 없다면 내가 도와주었을 때 행복한 삶을 살아갈 수가 있다고 생각하며 장점을 바라보고 적극적으로 다가가야 한다.

남녀가 서로 만나서 단점만 찾아보는 사람들은 스스로 결혼하기가 어렵다.

그러므로 부모님들이 상대방의 장단점을 확인하고 맞선을 주선하면 적극적으로 생각하며 선을 보고 맞아드릴 준비가 되어 있어야 한다.

청년들이여 생각을 넓게 가질 필요가 있다.

결혼은 나보다 더 좋은 조건의 사람을 만나 하는 것이 아니라 부족한 사람끼리 만나서 상대방의 부족함을 용서하고 채워주고 서로를 섬기며 사랑하므로 하나가 되어 가정을 이루는 것이다.

결혼은 20대 초반부터 자유로운 동거로 시작하여 가정을 이루거나 결혼하여 아이들을 2~3명을 낳게 되면 국가에서 여러 가지를 지원받아 아이들을 키우면서 국가를 위기에서 건지며 나는 자녀들과 함께 행복한 미래를 적극적으로 열어 가야 한다.

결혼은 가정 형편이 어려울수록 일찍 결혼하여 부부가 손을 맞잡고 노력하였을 때 나이가 들어갈수록 가정경제가 회복되며 보람과 성취감으로 살아갈 것이며 인생을 성공으로 이끌 확률이 높아진다.

나) 아이들은 부모 것이 아니며 사회의 일원이다.

아이들은 왜 태어났는가? 아이들은 누구 것인가?

아이들이 태어나면 부모 소유라는 생각에서 벗어나야 한다.

내 자식이라고 열심히 키웠으나 성인이 되면 결혼하여 부모를 떠나 독립적인 가정을 이루어 자신들만의 삶을 살기 때문이다.

그러므로 아이가 어렸을 때부터 이 사회의 일원으로 태어난 것을 인정하고 아이가 스스로 작은 일이라도 책임지며 자유롭게 잘 성장하도록 도와주어 성인이 되면 자신과 가정을 책임지며 이 사회에 공헌하며 살도록 해야 한다.

아이들의 생명은 부모의 핏줄을 받아 태어났다고 하지만, 그러나 부모가 그 아이의 마음과 생각까지 지배하고 행동을 구속할 할 수는 없는 것이다.

이것은 아이가 부모 것이 아님을 증명하는 것이다.

부모의 피를 받아 태어났다는 아이는 왜 부모와 생김새가 다르고 생각이 다르고 성격이 다르며 왜 부모의 말을 잘 듣지 않은가?

또 자기 마음대로 살려고 하는가?

바로 부모 것이 아니라 독립적인 인간이기 때문이다.

아이들은 태어나는 순간 독립적인 생명이다.

부모는 아이를 낳아주고 바르게 성장하도록 도움 주는 역할을 하는 것으로 만족해야 한다.

아이의 모든 삶은 자율적으로 생각하고 성장하여 의사결정도 자유롭게 하며 스스로 자신이 하는 행동을 책임지고 살아가도록 유도하면서 결혼까지도 자녀의 뜻에 따라 결정하게 하여야 한다.

성인이 되어서는 자녀들이 원하는 삶을 살도록 부모는 간섭이나 결정을 강요하지 않는 것이 현대 사회의 자녀들에 대한 부모의 자세다.

아이가 성장하는 과정에서 가장 중요한 것은 자신의 모든 행동을 스스로 책임지고 살아가게 하면서 무엇이든 긍정적으로 살아가게 하는 것이다.

이렇게 성장하는 아이들은 자신이 목적을 분명히 하고 공부하도록 하고 공부의 결과가 직업이 되도록 하는 것과 직업이 경제적인 경제적인 바탕으로 가정을 이루어 아이를 낳고 사는 것이 내가 살아가는 사회에 대한 책임을 다하는 것이다.

대한민국의 부모들을 살펴보자.

아이가 태어나면 집안의 경사가 났다고 하면서 아이에 대하여 모든 생각을 모아 집착을 하고 오직 자기의 생각과 정성을 다하여 아이를 보호하고 아껴주면서 금이야 옥이야 정성을 다해 자신이 원하는 사람으로 만들어 가면서 키우려고 한다.

심지어 학교에서 공부하는 교육까지 간섭하고 있으나, 학교 교육은 학교에서 판단해야 하며, 학부모는 건의 수준에서 끝내야 한다.

또 아이가 성인이 되어도 모든 행동과 삶을 간섭하고 행동하는 것과 누구를 만나 연애를 하는 것과 장가를 가서 사는 것까지 간섭하여 자녀의 독립성을 해치는 것을 볼 수가 있다.

그러나 부모들이 분명히 해야 하는 것은 부모가 자녀 대신 결혼하여 살 수 없는 것으로 간섭은 성인이 되어 갈수록 줄여야 한다.

그러나 문제는 아이들이 성인이 되어 부모에게 벗어나 자신만의 생각과 행동을 하며 자유롭게 살고 싶으나 부모의 생각 속에서 살던 습관이 계속됨으로 스스로 살아가는 능력이 떨어지는 것이 문제다.

직업과 결혼의 선택을 잘못하는 것을 보면 청소년 때 무조건 공부만 하도록 하여 방향감각이 상실되어 있고 어떤 직업을 선택하여 살아야 하는지? 연애도 어떻게 해야 하는지? 결혼은 해야 하는지? 말아야 하는지? 선택의 자유라고 하고 아이를 낳아야 하는지? 낳지 않아야 하는지? 확실한 결정을 내리지 못하고 방황하고 있는 것이 사실이다.

현재 우리나라 청년들이 살아가는 가장 큰 문제는 성인으로서 자기를 경제적으로 책임지는 직업의식과 결혼하여 가정을 이루어 아이를 낳고 살아가는 기본적인 의식이 부족한 사람이 많다는 것이 문제다.

한마디로 미래의 삶을 어떻게 결정하고 실천하며 살아야 하는지 잘 모르고 있는 상태에서 시간만 보내고 있으므로 결혼도 계속 늦어지는 것이다.

이 모두는 청소년 때 성인으로 살아갈 가정과 학교 교육이 부족한 것이 큰 원인이며 부모들의 무분별한 자녀 과잉보호 때문에 생긴 일이며 나이로는 성인이 된 청년이 정신적으로는 아직도 청소년에 머물러 있기 때문이다.

선진국과 유럽을 살펴보자.

아이들의 의견을 어렸을 때부터 최대한 존중해 주므로 모든 일들을 아이들이 어려서부터 스스로 결정하도록 도와주며 성인이 되어 살아가는 동력인 직업을 중, 고등학교 때부터 일찍이 선정하여 숙련시켜서 고등학교 졸업 후 취업하여 독립할 수 있는 경제적인 능력을 양성한다.

또 성인이 되면 최대한 빨리 직업전선에 뛰어들어 경제적인 기반을 스스로 해결하도록 하여 결혼을 20대 중반 전에

하게 하는 것이 교육의 가장 큰 목표와 기준이 되어야 한다.

내가 나 자신을 가장 잘 아는 것이다.

나 자신을 잘 드려다 보고 장, 단점을 파악하고 개선해 나간다면 이보다 더 정확한 결정은 없는 것이다.

더 중요한 것은 착하고 진실하고 의로운 생각으로 모든 일을 결정해 나가며 최선을 다하는 삶을 살아간다면 좋은 일이 많이 생기며 복 받는 삶이 펼쳐질 것이며 만사가 형통하게 될 것이다.

인간이 태어난 것은 이 사회를 위한 것과 인간의 공존을 위해 공의롭게 살아가는 것이 무엇보다도 중요하다.

또한 내 삶이 미래 세대에 본보기가 되어 유산으로 남길 수가 있어야 하는 것이므로 내가 나를 위한 한 개인 것이 아니라 사회와 국가를 위해 태어났으므로 나는 대한민국국가의 일원이다.

국가는 모든 국민의 행복을 책임지고 삶을 돌보아 주어야 하고 국민은 마땅히 국가에 대한 책임과 의무를 다하기 위해 결혼하여 최소한 2~3명의 아이를 출산하여야 한다.

인류는 모든 사람이 서로 공존하는 삶을 위해 존재하는 것이다.

다) 과거 문화에서 벗어나 변화하여야 한다.

우리나라는 오래전부터 전해 내려온 각종 사상이 우리 문화에 깊게 뿌리내려 가족주의와 함께 자리 잡고 있어서 부모가 자녀에 대한 지나친 간섭이 계속되고 있어서 부모와 갈등이 증가하며 자녀들의 자율성이 뒤떨어져 있는 것이 사실이다.

이것은 해법을 찾기가 어려워 인구감소를 증가로 돌려 출산율을 높이는데 쉽지 않다고 생각하며 빠른 변화의 문화가 형성되어야 한다.

우리 사회는 과거 잘못된 문화에서 빨리 벗어나도록 국가와 언론과 교육부에서 모든 국민에게 계속 홍보해야 한다.

특히 대중 매체들의 국가의 미래를 향한 공의로운 방송으로 변화해야 하며 정치권은 저출산의 위기의식을 강하게 느끼고 즉시 확실한 정책과 법률을 제정하여 변화의 길을 가야 한다.

그래야 대한민국이 인구 증가로 되돌아설 것이다.

과감한 생각의 변화가 시작되어 실천을 즉시 해야 한다.

과거 속에 살아온 구태의연한 관습과 문화를 즉시 버리고 변화하여 새로운 미래 속으로 나가야 할 것이다.

오직 공의롭고 정직하고 착하고 진실한 진리의 세계만 추구하고 각종 과거 문화 등에서 전해 내려온 잘못된 것을 버려야 한다.

이런 것들이 우리의 삶을 많이 지배할수록 대한민국 미래의 국가 발목을 잡게 된다는 것을 알아야 한다.

과거 구태의연한 문화 지배 속에 살다 보면 나 자신 생각은 중요하지 않고 미신이나 타인들의 유도에 의한 판단과 기준으로 살아가게 되므로 각 개인의 능동적인 발전이 한계에 이를 수밖에 없는 것이다.

나의 단점은 누구보다 내가 더 잘 알고 있다.

그러므로 내가 진실하고 의로우며 바른길을 가려고 노력하면 얼마든지 내가 내 길을 잘 찾아 잘살 수 있는 것이다.

나는 내가 나를 가장 잘 알므로 내가 나를 변화시킬 수가 있다.

그렇다면 내가 나를 자세히 드려다 보고 내 장점은 살리고 잘못된 것은 고치고 변화하여 살아가면 그만인데 왜 나를 모르는 존재에게 내 인생의 미래 삶을 물어보고 의지하려고 하고 소중한 나의 판단을 알지 못하는 존재에게 의지하려는 것은 잘못된 사고방식이다.

인간이 살아가는 삶의 기준은 진리 말씀만이 사람을 의롭고 진실하고 공의로운 삶을 살게 하므로 진리 말씀을 섬기고 따라야 하는 것이 인간의 도리이다.

이것은 진리 말씀 이외 사람 위에 존재하는 것은 없기 때문이다.

우리나라는 과거 구태의연한 문화의 잠에서 빨리 깨어나야 한다.

대한민국은 섬나라와 같이 3면은 바다요 북쪽에는 같은 민족이라고 하나 휴전선으로 막혀있어서 교류가 없는 국가로 스스로 세계 속으로 나가지 않으면 교류할 수가 없는 지리적 조건으로 막혀있는 나라이다.

먼저 선진국이 된 나라들의 제도와 선진국 청년들이 살아가고 있는 좋은 문화와 생활을 모니터링하여 우리도 빨리 배우며 변화해야 한다.

단 한 가지 조건이 있다면 편법이나 운이나 외적인 것을 의지하지 말고 나 스스로 최선을 다하여 노력하는 습관으로 계속 앞으로 나아간다면 시간의 차이는 있을지라도 결국에는 내가 목표하는 곳에 승리 깃발을 꽂게 될 것이며 내가 성공해 있는 것을 보게 될 것이다.

선진국 사람들은 미신을 믿지 않고 점을 본다거나 궁합을 보지 않으며 타인에게 의지하지 않고 살아도 왜 우리보다 열려있는 생각으로 먼저 잘되고 선진국으로 잘 살아가고 있는지 자세하게 살펴보아야 한다.

이것은 내가 살아가는 삶을 오직 진리 말씀을 추구하며 현실적으로 바라보고 판단하여 즉시즉시 바르게 고쳐나가며 순수한 생각으로 최선을 다하면서 살아가기 때문이다.

결론적으로 말하면 잘못된 과거 문화에서 빨리 벗어나 현대 사회에 맞게 변화하여 내가 스스로 판단하며 의롭고 진실한 삶으로 살아가야 한다.

인간의 축복은 외부와 타인에 의해 오는 것이 아니라 내가 먼저 잘되어 나로부터 시작하여 많은 사람에게 더 나아가 이 사회에 영향을 미치게 되어 나와 이사회와 대한민국이 복을 받게 된다는 사실이다.

우리가 헛된 복을 기대하는 것은 수만 명이 복권을 샀으나 수만 명은 실망한 상태에서 단 한 명이 당첨함으로 복을 받았다는 이론을 사람의 삶에 적용하여 복 받았다고 할 수는 없는 것이다.

이것은 대부분 사람을 외면하는 헛된 기대와 꿈이라고 해야 할 것이다.

내가 진실하고 의로우며 착하게 살아가면서 스스로 모든 일을 판단하며 하는 일을 성공시키는 사람은 타인의 조언이나 불필요한 외적인 판단이 필요하지 않다.

라) 인구절벽을 해결하고 다시 도전하자.

대한민국의 미래를 위하여 청소년들이 무조건 공부만 많이 하여 아까운 청소년들이 황금과 같은 세월을 낭비하게 하지 말아야 할 것이다.

지금은 인간이 살아가야 하는 기초적인 지식만 있으면 나머지 지식은 핸드폰 하나만 있어도 모든 지식을 검색하여 습득할 수 있는 시대에 살고 있기 때문이다.

무엇보다 현실적인 삶을 청소년들에게 제시하여야 한다.

청소년들이 일반적인 공부에서 벗어나 미래에 살아갈 성인으로서 필요한 직업교육을 확실하게 받아 청소년들이 성인의 미래를 대비하게 하여 성인으로서 성공한 삶을 살아가도록 도와주어야 한다.

모든 교육목표를 청소년이 성인이 되어 이 사회를 책임지고 살아가야 한다는 바탕으로 하여 어려서부터 스스로 책임을 다하는 교육과 스스로 자신의 경제를 책임지도록 직업교육을 하여야 미래 대한민국이 튼튼하게 될 것이다.

청소년의 미래 삶의 중요한 점을 다시 정리하면

1) 인간으로서 기본적인 삶은 초등교육만 받아도 가능하므

로 불필요하게 목적 없는 공부를 대학까지 계속하여 청소년들의 황금과 같은 세월을 낭비하게 할 필요가 없는 시대라는 것이다.

추가적인 지식은 암기가 필요 없이 필요할 때마다 휴대폰과 PC 검색으로도 지식을 얼마든지 얻을 수 있는 시대가 왔기 때문이다.

2) 다음에는 내가 성인으로 살아가야 하는 필수 삶인 직업을 완성하도록 중학교에서부터 방향을 잡아 고등학교에서는 직업에 대한 교육을 철저히 하여 성인이 되면 바로 직업을 가지고 가능하다면 빨리 결혼하여 안정된 삶을 살아가도록 해야 한다.

3) 특히 중하위권 학생들은 대학가더라도 어려운 학문을 따라가지 못하므로 고등학교에서 기능직업을 완성하여 취업해야 남은 인생 70~80년의 긴 인생을 성공적으로 살아가게 될 것이다.

4) 성인이 된 청년들은 20대 초반부터 직업을 정하면 결혼하도록 국가에서 결혼상담소를 개설하고 과감한 결혼 초기부터 지원한다는 것을 홍보하여 동거 가정을 이루

거나 결혼하여도 똑같이 지원하여 20대 초기부터 결혼하도록 유도해야 한다.

5) 30대에 결혼하는 것보다 20대에 결혼하여 2~3명의 아이를 낳게 된다면 결과적으로 2.5배의 인구 증가 효과가 있어 저출산 문제를 해결할 수가 있으므로 국가에서는 적극적으로 지원하여 일찍 결혼하도록 유도하여야 한다.

6) 동거 가정이나 결혼한 가정은 국가가 체계적으로 지원하여 동거 가정과 결혼한 가정이 안정적으로 성장하도록 책임지는 행정과 법 제도를 완성하여야 한다.

7) 일찍 결혼하면 일찍 가정을 책임지는 효과가 있어서 결혼을 늦게 하거나 결혼하지 않고 자기중심으로 살아가는 청년들보다 가정적으로나 사회적으로 더 책임 있는 삶을 살게 될 것이므로 국가 발전에 큰 도움이 되는 것이다.

8) 일찍 결혼하여 아이를 낳고 젊을 때 고생하며 이룬 가정은 나이가 들어갈수록 가정의 안정되는 속도가 빨라

서 노후에 안정적인 행복을 찾게 될 것이므로 20대 빠른 결혼은 노후까지 가장 안정적인 가정설계를 하는 것이며 평안한 삶을 보장받고 살아가는 방법이다.

9) 현재 살아가는 대한민국의 성인들은 나와 내 가정만 안정적으로 잘 살아가는 것도 중요하지만 자유 대한민국이 영원히 선진국으로 존재하여 우리 후대가 잘 살아갈 기초를 튼튼히 하여 후손에게 계속 물려주는 삶을 살아야 하는 것이 이 땅에 살아가는 사람들의 가장 큰 의무라고 생각한다.

청소년과 청년들이여 대한민국은 여러분 것임을 왜 알지 못하는가?

그러므로 여러분이 이 사회와 이 나라를 책임지고 보호하며 아끼고 가꾸어 나가야 하는 귀한 삶의 터전인 것을 꼭 기억하고 살아야 한다.

❖ 이 대한민국에서 내가 행복하게 살면서 결혼하여 내 자녀와 후손에게 건강한 대한민국을 물려주어 영원히 복을 받고 살도록 해야 하는 의무가 바로 청소년과

청년들에게 있다는 사실을 명심해야 한다.

❖ 지금 내가 대한민국을 위해 할 일은 공부할 때 직업을 열심히 완성하여 성인이 되면 직업을 가지고 경제적인 안정의 터 위에 20대 초~중반에 결혼하여 아이를 2~3명을 낳고 키우는 삶이야말로 대한민국이 영원해질 수 있다는 생각으로 꼭 실천해야 한다.

대한민국의 청소년과 청년들이여 화이팅하라!

독자 여러분!

아미유는 아이들이 미래에 행복하게 살아갈 대한민국을 위하여 **아**이들을 위한 **미**래 **유**산을 남기려고 지금도 최선을 다하여 노력하고 있습니다.

여러분께서 함께하시면 큰 힘이 되어 저출산이 해결될 수 있으며 대한민국은 다시 선진국에서도 앞장서게 될 것입니다.

사단법인 아미유 대표 김현식 배상